本书由中南民族大学资助出版

中国报纸编辑部组织结构转型研究

田园子 ◎ 著

科学出版社
北京

内 容 简 介

本书聚焦于中国报纸编辑部组织结构的转型问题，在梳理了国内外媒介融合发展趋势和报纸编辑部组织结构演进历程的基础上，结合传播学、组织行为学、管理学等方面的相关理论，构建出跨学科的理论分析框架。本书通过对较有代表性的报纸编辑部转型模式的系统分析，从时间和空间两个维度，深入分析了报纸编辑部组织结构的动态发展变化、阶段性特征及其对媒介生产流程、经营方式等带来的重大变革。在对报纸编辑部组织结构转型的动因、现状、问题及原因等内容归纳分析的基础上，提出了融合新闻生产组织结构转型的新思路。

本书适合新闻传播学领域的研究者和学习者以及对媒体融合、媒体组织结构转型等研究领域感兴趣的读者参阅。

图书在版编目（CIP）数据

中国报纸编辑部组织结构转型研究/田园子著. —北京：科学出版社，2022.12

ISBN 978-7-03-073736-6

Ⅰ. ①中… Ⅱ. ①田… Ⅲ. ①报纸编辑-组织结构-研究-中国 Ⅳ. ①G219.2

中国版本图书馆 CIP 数据核字（2022）第 206391 号

责任编辑：张　宁　赵　洁/责任校对：贾伟娟

责任印制：李　彤/封面设计：润一文化

科 学 出 版 社 出版
北京东黄城根北街 16 号
邮政编码：100717
http://www.sciencep.com
北京虎彩文化传播有限公司 印刷
科学出版社发行　各地新华书店经销
*
2022 年 12 月第　一　版　开本：720×1000　1/16
2022 年 12 月第　一　次刷　印张：8 3/4
字数：173 000
定价：98.00 元
（如有印装质量问题，我社负责调换）

序　言

　　有人说，报纸的黄金时代已去，纸媒已"进入了漫长的严冬"。但也有不同的声音，认为纸媒虽然进入了衰退期，但只是正在经历一个时起时伏的过程，改革创新能力较强的纸媒并不会消亡，反而会因此涅槃重生。虽然观点不尽相同，但传统纸质媒体生存环境的恶化已是不争的事实。在这种情况下，报业必须要积极地寻求突围之路，这场变革也迫在眉睫。这场剧烈的变革源于技术的发展和进步，从尼古拉斯·尼葛洛庞帝（Nicholas Negroponte）提出"数字化生存"的那刻起，人类注定终将走进一个数字化、网络化和信息化的时代。在这个革命性的时代里，各个行业都受到了来自数字技术不同程度的影响，而传媒业无疑是这其中受到影响最深的行业之一。技术革新对于媒体而言从来就不是优势所在，无论是新媒体还是传统媒体，负载在技术之上的信息内容才是根本。新技术扩大了新闻生产的内容和传播渠道，增加了新闻影响的广度、深度和精度，也提供了更多的商业选择。新媒体的出现迫使传统媒体尤其是纸媒必须尽快寻找出路，新闻传播学界和业界也都从不同角度展开了一系列的探索和研究，并最终确立了报业数字化转型的战略走向。

　　2014年被业界称为"媒体融合年"，同年8月，中央全面深化改革领导小组第四次会议审议通过了《关于推动传统媒体和新兴媒体融合发展的指导意见》，这次会议也将媒体融合发展上升到了国家战略的层面。习近平总书记多次就推动媒介融合发展作出深刻阐释："党的十八大以来，我们坚持导向为魂、移动为先、内容为王、创新为要，在体制机制、政策措施、流程管理、人才技术等方面加快融合步伐，建立融合传播矩阵，打造融合产品，取得了积极成效。我们要立足形势发展，坚定不移推动媒体深度融合。传统媒体和新兴媒体不是取代关系，而是迭代关系；不是谁主谁次，而是此长彼长；不是谁强谁弱，而是优势互补。从目前情况看，我国媒体融合发展整体优势还没有充分发挥出来。要坚持一体化发展方向，加快从相加阶段迈向相融阶段,通过流程优化、平台再造,实现各种媒介资源、生产要素有效整合,实现信息内容、技术应用、平台终端、管理手段共融互通,催化融合质变,放大一体效能,打造一批具有强大影响力、竞争力的新型主流媒体。"(习近平,2019)媒体融合创新的基础条件是媒体真正融入互联网的新体制、新机制。本书正是立足于媒体融合的背景之下,从传媒内容生产的核心部门入手,借助组织结构理论,对我国较有代表性的报纸编辑部的转型过程进行深度剖析。本书聚焦报纸编辑部的组织结构转型,既有时间上的线性研究,又有复杂变化空间上的研究;既涵盖了创新个体,也连接了系统中报业集团、传媒集团等更大层面组织结构的转型问题,反映了新时代恢宏的信息技术变革对于传媒行业战略性改革的影响。

本书研究的是媒体融合下报纸编辑部组织结构转型,研究重点放在报纸编辑部及其组织结构的层面,旨在考察媒体融合下编辑部组织结构的变革转型,揭示变化背后的深层原因、影响因素及应对策略。因此,要在传播学、组织行为学、管理学等多学科的理论视域中,选择组织设计、组织变革、战略—结构理论等理论依据,按照"问题分析""思路与模式研究"的逻辑实施研究。"问题分析"主要是分析报纸编辑部组织结构转型的环境动力及其必然性、可能性与现实性;"思路与模式研究"侧重探索报纸编辑部组织结构转型的创新设计与新的结构模式。本书是以微观角度为主,兼顾中观和宏观的观察角度,选择国内比较有代表性的报媒实践为具体案例,研析在媒体融合背景下、社会转型时期发生的报纸编辑部组织结构的变革。同时,借此回应新闻社会学研究中的一些中观及宏观的命题,比如媒体融合、融合新闻、报网互动等。总体而言,本书以微观角度为主,具体操作层面的内容较多,笔者认为从这样的角度切入更具现实意义,可为学界和业界提供讨论的范本。回顾本书的逻辑线条,主要有以下内容。第一章系统梳理媒体融合研究的进路,媒体融合作为本书研究的大背景,它自身的发展状况、演进路径及未来的走向是非常有必要进行梳理的。媒体融合基于技术诞生,从技术角度而言,我国的媒体融合前后经历了模拟传播技术时期的跨媒介协作和数字传播技术支撑下的媒介融合两个阶段,媒体融合的最终趋势是形成一个"大媒体"的时代。媒体融合又衍生出了融合新闻,融合新闻的出现也给新闻生产带来了不同程度的变化。第二章主要梳理和总结国内外报纸编辑部组织结构转型的成功路径。第三章具体阐述媒体融合对报纸编辑部组织结构产生的影响，以及媒体融合与我国报纸编辑部组织结构转型之间的逻辑勾连。深受这些因素的影响，我国报纸编辑部先后经历了跨媒体的临时性报道组织、虚拟报道组织、"滚动新闻部"以及"全媒体新闻中心"的重构和变革。第四章至第六章是本书的主体部分，第四章主要论述中国报纸编辑部组织结构转型的动因和现状，并结合具体案例进行分析。目前报纸编辑部主要有以广州日报为代表的"滚动新闻编辑部"、以烟台日报和南方日报为代表的"全媒体编辑部"，以及以湖北日报为代表的新型职能式编辑部——"1+N"编辑部三种主要的结构形态。第五章是从第四章报纸编辑部组织结构现状中进一步分析在编辑部组织结构转型中存在的诸多问题及其背后的深层原因，从我国政治、传统文化、事业体制等宏观层面以及报业组织、编辑部自身等微观层面上探寻原因。第六章基于上述章节的阐释和分析，以组织结构六要素，工作专门化、部门化、指挥链、控制跨度、集权与分权和正规化为依据，把握组织结构转型的五大原则，即系统整体、有效性、统一指挥、有效管理幅度和层次、权责对等，以融合新闻生产呈现的"无权威"、"无边界"和"无中心"三大态势为思路，提出未来更适合报纸编辑部发展的新型组织结构——融合新闻生产组织结构。本书最后部分为结语，浅析新的传播技术以及技术和媒介衍生出的新问题，并对报业组织、编辑部未来的发展做出展望。

  本书主要运用以下研究方法。第一，文献分析法。搜集、梳理近年来国内外关于报纸编辑部转型、组织结构变革、传媒组织管理方法等方面的重要文献，明确研究范围与研究对象，为研究提供理论依据和指导。第二，案例分析法。选取华北、华东、华南以及华中等地区的中心城市的媒体单位作为主要研究对象，对各传媒组织编辑部进行走访与调研。掌握各报纸编辑部的发展现状及转型过程，从编辑部的新闻生产、组织结构、组织管理等层面获取一手数据和资料。第三，深度访谈法。对所研究传媒组织的管理者、编辑部领导以及编辑部成员等进行深度访谈。从媒体从业者的角度获悉报纸编辑部在转型实践中的成功经验、阻力困惑及存在的问题。为后续研究中设计更为合理的编辑部组织结构、提出更加优化的传媒管理方法提供现实观照。

  本书的学术价值主要体现在研究视角及论域选择、理论建构、调研素材和观点形成等方面，使本书在一定程度上具有理论与实践上的双重价值。第一，媒介化生存已经成为不争的事实，技术进步、新媒体的快速发展是传统媒体逐渐陷入困境的主要原因之一，媒体在不断的变革和创新中求变以适应当前的数字化环境。媒介市场的根本性变化及日益繁多的新闻创新现象使得媒介创新成为关键的研究领域，新闻创新被认为是一种新闻业应对技术变迁的方式。数字化和互联网有关的创新及融合过程深度影响着传统纸媒的生态环境。新闻业组织结构创新等问题显而易见却又复杂深刻，国内外现有研究受制于既有的学科背景和理论路径，导致相关研究内容极为有限。创造和维持一个好的新闻业，不仅是新时代无法回避的学术和实践问题，也是新闻从业者的一种情怀；报业集团作为政治、文化、商业的复合体，在经济和社会层面上对现代社会良性运行有着重大意义。本书在选取研究视角时，聚焦于新闻生产流程环节中的基层功能单位——报纸编辑部，映射恢宏的媒体行业变革，力图透视媒介融合背景下媒体组织结构的转型与适应问题，研究尝试从时间到空间的视角转向，即从连续的、强调内在因果逻辑的线性时间研究转向复杂的、充满矛盾与张力的、变化的空间研究，或力图促使这种时间与空间的融合。由此，视角创新成为本书重要的学术价值之一。第二，本书在理论构建上，试图基于传播学、组织行为学、管理学等方面的相关理论，构建用于研究媒介组织机构演变的跨学科理论框架。例如，借助组织行为学中的组织结构创新理论，将其作为考察媒介组织转型与发展的实用工具，用于构建符合我国传媒转型实际的指导理论。本书也主要基于组织结构创新理论中具有代表性的权变理论和复杂性理论，试图为研究媒体组织结构的演变及基本规律提供新思路。基于传媒行业实际的组织结构转型理论构建和理论创新成为本书学术价值的另一组成部分。第三，在研究素材及调查研究对象的选择上，本书选取了南方日报、广州日报以及湖北日报报纸编辑部进行实地调研，获取了丰富的一手信息。通过对不同报纸编辑部转型模式的系统分析，本书深化了对于未来媒体组织结构转型的思考。由此，本书选取报纸编辑部为研究对象，从时间和空间两个维度，依据跨学科的理论分析框架，结合翔实的调研材料，深入分析了报纸编辑部组织结构的动态发展变化、阶段性特征及其对媒介生产流程、经营方式等带来的重大变革，探讨了政治体制、传播技术以及组织文化的变革对我国媒体组织结构转型诸多系统要素的重要影响，更深层次阐述了媒体组织结构演变和发展的规律，为实践发展提供思路及路径上的参考。经此论证过程而形成的观点，也凸显了本书的学术价值。

本书还存在一些不足和缺陷，有待进一步深入研究：第一，本书基于传播学的跨学科、多专业的融合研究，应用了管理学、社会学等相关学科的基础理论。如何构建适用于研究媒体组织机构演变的跨学科理论框架也是学科研究中常面对的问题。尽管笔者在上述研究领域提出了一些观点，但突破力度可以再大一些。第二，本书的调查研究对象主要集中在我国中南部地区，如果增加华东、华北、西南等地区的样本将更具说服力。

因调研与完成著作之间存在一定时间差，相关数据、资料在今后的研究中有待进一步完善和更新。在此，衷心感谢湖北日报传媒集团的徐伟老师、刘长松老师、韦忠南老师对笔者在湖北日报传媒集团进行调研期间给予的莫大帮助。由衷感谢来自南方报业传媒集团的段功伟老师、孙国英老师、陈雨老师以及柳剑能老师在笔者对南方日报报业集团进行调研期间提供的宝贵资料。得益于以上业界各位领导、老师的倾力相助，本书内容得以更加丰满。

目 录

序言
绪论 …………………………………………………………………… 1
第一章 媒体融合的研究进路 ……………………………………… 10
　第一节 媒体融合的概念及层次 ………………………………… 10
　第二节 媒体融合及传播技术形态的演进趋势 ………………… 14
　第三节 国内外关于媒体融合的研究进程 ……………………… 24
第二章 报纸编辑部组织结构转型路径的梳理 …………………… 29
　第一节 报纸编辑部的含义及相关研究 ………………………… 29
　第二节 组织结构的含义及相关研究 …………………………… 35
　第三节 国内外报纸编辑部组织结构转型的主要路径 ………… 37
第三章 媒体融合对报纸编辑部及其组织结构的影响 …………… 43
　第一节 媒体融合进程下的报业转型 …………………………… 43
　第二节 信息技术的发展对报纸编辑部组织结构的影响 ……… 45
　第三节 媒体融合对新闻生产流程及从业者的影响 …………… 47
第四章 中国报纸编辑部组织结构转型的动因和现状 …………… 54
　第一节 中国报纸编辑部组织结构转型的动因 ………………… 54
　第二节 中国报纸编辑部组织结构转型的现状 ………………… 64
第五章 中国报纸编辑部组织结构转型中存在的问题及原因 …… 74
　第一节 中国报纸编辑部组织结构转型中存在的问题 ………… 74
　第二节 中国报纸编辑部组织结构转型中 存在问题的原因分析 …… 78
第六章 中国报纸编辑部组织结构转型的原则、依据及整体思路 …… 87
　第一节 中国报纸编辑部组织结构转型的原则 ………………… 87
　第二节 中国报纸编辑部组织结构转型的依据 ………………… 93
　第三节 中国报纸编辑部组织结构转型的整体思路 …………… 97
结语 …………………………………………………………………… 104
参考文献 ……………………………………………………………… 115

绪　　论

一、媒体融合的持续推进

"媒体融合"这一概念最早由国外引入，学者们从不同角度对这一概念进行界定，其内涵非常丰富。在 20 世纪末以计算机技术为代表的信息革命到来之前，不同媒介之间泾渭分明。随着"媒体融合"的深入发展，各种媒介在不断迭代更新的发展中呈现出多功能一体化的趋势。这也是大部分学者在研究初期提出的对"媒体融合"的一种狭义的理解。广义的"媒体融合"囊括的范围更大，不仅包括了媒介形态的融合，还包括媒介功能、传播手段、所有权、组织结构等要素的融合。近年来，不管是学界还是业界，"媒体融合"已然成为我国产业领域、学术领域和政治领域高度关注的重大问题。尤其从 2009 年开始，与"媒体融合"相关的学术研究呈明显的数量上升趋势，成为研究的热点领域。

近年来，各地各新闻单位认真贯彻中央精神，积极投身媒体融合发展，不同程度地探索媒体融合的发展路径。从全国媒体发展的整体情况来看，呈现出传统媒体与新兴媒体优势互补、此长彼长的态势，且新闻舆论工作气象一新。首先，主流媒体的传播阵地得到拓展，其纷纷建立起自己的新媒体矩阵。传统媒体积极拥抱互联网，全媒体采编平台、新闻客户端、数据中心等重点项目取得进展，新媒体布局初步形成，覆盖用户范围大大增加。其次，融合新闻生产能力明显提升。主流媒体持续发挥内容资源优势，加强融媒体内容的创作生产，推出了一批"现象级"融媒体产品，形成了一批有影响力的新媒体品牌，培养输出全媒型、专家型人才。再次，融合传播技术广泛应用。大数据、云计算等技术运用到全媒体采编平台的构建之中，移动直播、HTML5 网页技术等在采编制作环节被普遍应用，无人机采集、机器人写稿、虚拟现实等技术从无到有，不断打破技术壁垒。最后，媒体融合发展推动新闻传播领域全方位创新。各媒体探索运用全媒体多样化传播形式、分众化互动式服务方式、大众化及生活化话语表达，等等。实践证明，党中央作出推动媒体融合发展的重大决策是完全正确的。我们抓住了历史机遇，跟上了时代潮流，坚定有力地推进这场重大而深刻的媒体变革，为壮大主流思想舆论赢得了战略主动，为"坚持马克思主义在意识形态领域指导地位的根本制度，坚持为人民服务、为社会主义服务，坚持百花齐放、百家争鸣，坚持创造性转化、创新性发展，以社会主义核心价值观为引领，发展社会主义先进文化"提供有力支撑。同时我们也要清醒地看到，推进媒体深度融合，还面临着一些较为突出问题。比如，某些传媒集团在持续推进的过程中略显动力不足，缺乏居安思危、求新图变的紧迫感，工作积极性不够；又如，一些传媒集团内部推进媒体融合的思路不够清晰，总体上缺乏设计，实施媒体融合进程的路线图、施工图不明晰；再如，工作中存在偏差，导致传统业务与新媒体业务还是"两张皮"，没有达到真正意义上的融合。更有部分新媒体的名号与母体相分离，大大削弱了主流媒体的品牌影响力。以上这些问题，必须引起媒体人的高度重视，并在工作中切实解决，予以优化。

当前，互联网正加速重构媒体格局和舆论生态，主流媒体面临的竞争更为激烈，持续推进媒体深度融合发展的任务也更为紧迫。首先，传播形态将持续演变，要求媒体，尤其是我国主流媒体通过深度融合占领制高点。信息载体、传播渠道的更新迭代正在加速，移动应用、社交媒体已成为主要信息入口，聚合平台、自媒体平台不断涌现，网络直播、问答社区逐渐成为舆论生成传播的重要源头。面对传播形态的深刻变化，我国传媒产业只有推进媒体深度融合，才能巩固壮大主流舆论阵地，牢牢掌握舆论主导权。其次，传统媒体不进则退，倒逼增创深度融合的新优势。纸媒发行量、广告收入连续下滑，不少都市类媒体收入呈现"断崖式"下跌。从实际情况来看，广播电视媒介的情况虽然好于报纸，但由于受众日渐分流，广告收入也在不断下滑。近年来，面对巨大的现实压力，越来越多的媒体人才跳槽、转型，直接导致人才的流失。媒体行业要想扭转这种局面，只有不断推进媒体的深度融合，才能逐渐摸索出一条持续发展的新道路。最后，国外媒体正在加速转型，从另一个侧面启示我国媒体应加快媒体深度融合的脚步，以此提升行业竞争力。目前，国外主流媒体都在持续探索数字化转型之路，实现媒体深度融合发展。国外部分传媒集团将原有的广播、电视和网络新闻中心"合三为一"，打造统一的多媒体新闻编辑部，还有的建成了"蜘蛛网"式的融媒体中心。可以说，在世界范围内媒体的融合发展是大势所趋，我国媒体行业只有推进媒体深度融合，才能勇立潮头、加快发展，在与国际主流媒体的竞争中增强实力、扩大影响。

目前，媒体融合已经到了向纵深推进的关键阶段。为此，我们必须坚定信心、乘势而上，着力创新工作思路，着力深化媒体内部体制机制改革，着力拓宽传播平台载体，着力强化人才支撑和政策保障，推动传统媒体和新兴媒体尽快从相"加"迈向相"融"，打造一批形态多样、手段先进、竞争力强的新型主流媒体，建成几家具有强大传播力、引导力、影响力、公信力的新型媒体集团。在媒体融合逐步推进的过程中，传媒界确立了移动媒体优先的发展战略。发展至今，世界已经进入了移动互联时代，"终端随人走、信息围人转"成了信息传播的新态势。近年来，中国移动新闻用户数量持续攀升，2022年一季度，移动互联网月活跃用户规模高达11.83亿，月人均使用时长达到162.3小时，月人均使用次数达到2637.1次，这一组数据显示出用户使用深度仍在持续（吴丽，2022）。放眼全球，英、美等国家的情况也大致如此。我们可以预见的是，随着5G、人工智能、可穿戴设备等技术的不断创新和发展，移动媒体必将进入加速发展的新阶段。推动媒体融合发展的另一个重要的路径，则是必须顺应当前移动互联网的大趋势，强化移动优先意识，实施移动优先战略。

推动媒体融合发展，是巩固宣传思想文化阵地、壮大主流思想舆论的战略举措。党的十八大以来，以习近平同志为核心的党中央高度重视传统媒体和新兴媒体的融合发展，习近平总书记多次在不同场合强调要利用新技术、新应用创新媒体传播方式。2019年1月25日，习近平总书记在十九届中央政治局第十二次集体学习时提出，"随着5G、大数据、云计算、物联网、人工智能等技术不断发展，移动媒体将进入加速发展新阶段。要坚持移动优先策略，建设好自己的移动传播平台，管好用好商业化、社会化的互联网平台，让主流媒体借助移动传播，牢牢占据舆论引导、思想引领、文化传承、服务人民的传播制高点。推动媒体融合发展，要统筹处理好传统媒体和新兴媒体、中央媒体和地方媒体、主流媒体和商业平台、大众化媒体和专业性媒体的关系，不能搞'一刀切'、'一个样'。要形成资源集约、结构合理、差异发展、协同高效的全媒体传播体系"（习近平，2019）。这次重要讲话生动形象地指出了我国媒体融合发展的正确思路。2017年1月5日，中共中央政治局委员、中央书记处书记、中央委员会宣传部部长刘奇葆在推进媒体深度融合工作座谈会上也作出了重要讲话。这次讲话主要阐明了以下问题：第一，坚定不移推进媒体深度融合。必须坚定信心、乘势而上，着力创新工作理念思路，着力深化媒体内部体制机制改革，着力拓宽传播平台载体，着力强化人才支撑和政策保障，推动传统媒体和新兴媒体尽快从相"加"迈向相"融"，打造一批形态多样、手段先进、竞争力强的新型主流媒体，建成几家具有强大传播力引导力影响力公信力的新型媒体集团。第二，确立移动媒体优先这个发展战略。从打造移动传播矩阵、创新移动新闻产品、紧盯移动技术前沿等路径，推动媒体融合发展，强化移动优先意识，实施移动优先战略。第三，突破采编发流程再造这个关键环节。重构采编发网络、再造采编发流程，是媒体深度融合最需要突破的难点。要处理好"统"与"分"的关系、分层级构建新型采编发网络、创新媒体内部体制机制。第四，抓好"中央厨房"建设这个龙头工程。"中央厨房"就是融媒体中心。推进媒体深度融合，"中央厨房"是标配、是龙头工程，一定要建好用好。要搞清楚"中央厨房"是什么，搞清楚"中央厨房"怎么建，搞清楚"中央厨房"怎么用。第五，强化全媒人才培养这个重要支撑。媒体核心优势是人才优势，要把全媒人才培养摆在突出位置，采取切实有力举措，加快打造一支数量充足、素质过硬的全媒化集团军（刘奇葆，2017）。

二、传统报业的变革创新

计算机和互联网的出现打破了传统媒介主导下的信息传播格局，这不仅关乎人类对于信息的传播和接受，还关乎人类生活的方方面面。计算机和互联网缔造出了地球村的奇迹，数字化浪潮席卷而来。在过去很长一段时间里，我们理解的媒介数字化转型实际上只是单从技术意义上出发的，认为是对所传播的内容实现从纸质化到数字化的一种转变。互联网的真正价值和意义并没有得到足够的挖掘，它仅仅只是作为一个技术平台，是传播的另一种延伸渠道而已。要想不被所处的时代抛弃，我们就必须直面新的挑战，把握"数字化生存"背后真正的含义。数字化、网络化和信息化是这个时代体现出的专属特征。所谓数字化,可以理解为信息领域的数字技术向人类生活各个领域逐步推进、以数字制式替代传统模拟制式的一种转变过程(罗以澄和吕尚彬,2009)。具体而言,数字化是一种来自技术上的支撑,通过网络化的特征将其呈现,最后达到全社会信息化的发展趋势。在这个革命性的时代里,传媒行业又是受数字技术影响最深的行业之一。数字技术对于新闻传播的影响是全方位的,这其中有对大众媒体技术上的推进,但更多的是对传统媒体的强烈冲击:受众的流失、信息权威的丧失、广告收入分流以及人才的流失等。2010年,在3G网络的助推下,数字化报刊迅速登上历史舞台。与此同时,我国成功实现了200多家传统报业的数字化融合。相关研究表明,2011年,互联网广告收入达到512.9亿元,超过全国报业广告收入之和(469.45亿元)。2012年,互联网广告收入达到753.1亿元,超过全国报纸(555.63亿元)和全国广播(141.06亿元)的广告收入之和(696.69亿元)。2013年,互联网广告收入达到1100亿元,超过全国报纸(504.7亿元)、广播(141.19亿元)和期刊(83.27亿元)的广告收入之和(729.16亿元),仅比全国电视广告收入(1101.1亿元)少1.1亿元(郭全中,2015)。新媒体对于传统媒体的冲击,以及给传统媒体所造成的危机和考验是全球范围内的,报业转型成为全世界所有报纸媒体共同面临的问题。当前,网络和数字技术裂变式发展,带来了媒体格局的深刻调整和舆论生态的重大变化。新兴媒体发展速度之快、覆盖领域之广,已经远远超乎我们的想象。

放眼世界,美国的报纸转型主要基于形态上的革新与理念上的转变。《华尔街日报》树立了"报网融合"的理念,华尔街日报网站就是传统媒体与新媒体融合的成功典范。《纽约时报》树立了"网络是成功的平台"这一理念,其最早意识到新媒体对传统媒体产生的重大影响,并将技术和互联网业务的开发应用放在公司发展的首位(徐倩和王利军,2006)。此外,欧洲报纸媒体的转型之路也开始启动,大多数纸媒选择了免费竞争与形式创新的路径,其中英国《金融时报》的转型最具代表性。面对报业危机,《金融时报》从产品内容的强化、新媒体平台的打造、资本运营的拓展以及传播地域的扩张开辟了一条多元化发展的道路。瑞典的《地铁报》则是通过免费竞争获得了巨大的受众群体,并由此获取了可观的广告收入。在亚洲地区,日本报纸转型主要采取了联合竞争与资源利用的手段，在报业内部充分进行资源整合，实现信息资源利用最大化。众所周知，日本在研发高科技产品上具有显著实力，正是基于这一点，日本在新媒体产品的研发上投入大量的人力、物力和财力。《日本经济新闻》为应对新媒体冲击，积极自救，加快数字化建设。首先，借势新媒体，推动报网联动；其次，利用新媒体拓宽经营渠道；最后，加快数据库建设，扩展收入来源（王菲，2012）。《朝日新闻》就是通过创新移动发行业务来开展数字化转型的。在日本，手机持有率和使用率非常高，针对一批年轻的、有手机使用习惯的受众群体，《朝日新闻》开设了手机新闻服务，24小时不间断向受众提供及时的新闻资讯。纵观全球，通过不同国家在纸质媒体转型之路的探索中，不难发现进行数字化转型和多元化经营模式已经逐渐成为全球范围内纸质媒体发展的必然趋势。在这些国家中，美国遭受报业危机的情况在全球范围内是最为严重的，美国报业转型的起步时间也相对较早。相较其他国家和地区而言，美国在探索数字化转型的过程中，积累的经验也相对丰富。因此，学习并借鉴美国报业转型的部分经验，对于我国报业转型、推进媒体融合等也具有一定的启发意义。但我们也要清醒地认识到，这种学习和借鉴必须采取扬弃的态度，要辩证地、有选择性地学习。透过其报业转型之路，我们得到的主要启示有三：第一，全面推进数字化转型；第二，打造全媒体传播平台；第三，传媒集团开展多元化经营模式（李鹏，2012）。

我国报业发展的变革之路，先后经历了市场化转型、数字化转型发端、数字化转型提速和全媒体转型四个阶段。中国报业的数字化转型发端始于20世纪末，计算机的诞生使报纸生产工具和传播方式发生了翻天覆地的变化。进入21世纪后，我国报纸进入了报纸数字化转型的加速期，报业开始积极地尝试报网互动与移动传媒的初探。时至今日，我国报业在数字化转型的同时进一步进行全媒体平台的搭建。我国报业在数字化转型的层面和美国基本是保持一致的。基于中美两国各自的国情以及新闻理念等方面的差异，两国报业所遭遇的困境及制定的对策是有所差异的。借鉴美国报业数字化转型中的战略经验、反思美国报业数字化转型中存在的问题及困惑，对于我国报业数字化转型有着积极的作用和意义（刘晓燕，2012）。由于我国国情等各方面的因素与其他国家存在不同程度的差异，加上我国报业管理体制目前仍存在一定的壁垒和制约，因此，在实现跨行业、跨区域的媒介融合上，我们面临着更大的困难和挑战。我国报业数字化转型的起步几乎和美国报业同步，2005年，中国国家新闻出版总署报刊司在《中国报业年度发展报告（2005）》中明确提出了报纸出版业要加快走向"数字报业"转型的战略构想。2006年7月新闻出版总署报刊出版管理司制定并公布了《全国报纸出版业"十一五"发展纲要（2006—2010）》，当年8月，"数字报业发展战略"和"中国数字报业实验室计划"正式启动。2007年6月，经过专家团评估后，推出了首批45个中国数字报业创新项目和九大实验方向，2009年又再度推出30个创新项目，其中手机报、报业网站、多媒体数字报刊以及多媒体数字化平台这4个类型的收效最为显著。在我国众多报业组织中又以解放日报报业集团、广州日报报业集团、宁波日报报业集团为国内实现数字化转型较为成功的案例（范东升，2011）。虽然在数字化转型的道路上我国报业已取得明显进展，但在转型的过程中也逐渐暴露出诸多问题：报业组织结构转型滞后，新的盈利模式构建不清晰，融合新闻的生产形态还需进一步突破，相关技术、政策、法规、版权和管理等壁垒仍旧存在。

三、新闻编辑部的重构转型

上文曾提到，传媒行业受到来自互联网和技术洪流的强烈影响。虽然如此，我们需清醒地认识到，技术只是把人类潜在的对于信息传播的需求最大限度地激发出来，而非技术使传统媒体陷入了困境。对于传统媒体尤其是纸质媒体的转型而言，最核心的因素并不在技术上，而应该把转型的落脚点放在纸质媒体内容建设的问题上。传统媒体借助不断进步的互联网和数字技术，针对特定的用户提供更加精准的信息内容，才是传统媒体尤其是报纸媒体成功转型的关键。相比资金、技术等问题，内容建设对于报纸媒体来说是难度最大、最根本、最核心的一项任务（蔡雯，2013）。报纸编辑部作为报纸媒体内容生产的核心部门，其转型重构就成了报业数字化转型中至关重要的环节。报纸编辑部转型的整体进程是循序渐进、由浅入深的。随着媒体融合程度的加深，编辑部由融合的初级阶段走向更高阶的融合，当媒体融合走进结构性融合的阶段，那么势必会引起系统内部组织结构上的连锁反应。上文我们简单梳理了部分有代表性的西方报业集团，对其报纸编辑部门进行的一系列改革进行探索。这些探索都是以融合为目标进行的，先后有诸多报纸编辑部都不同程度地尝试了改造和整合。对比报纸编辑部改造的众多成功案例，我们不难发现，西方报纸编辑部在进行重构探索时，其改革的路径和策略大致相同：首先，从报纸编辑部的外部结构入手，开展对办公室及办公资源的整合；其次，对采写编等主要业务流程进行整合；再次，对生成的新闻产品进行整合，实现新闻素材和资源利用的最大化（邓建国，2007）；最后，对人力资源进行整合（王春枝，2009）。与西方国家报纸编辑部改造的进程相比，我国报纸编辑部的转型目前大致呈现出四种模式：报网互动、报网一体、滚动新闻报道以及全媒体平台的构建（蔡雯，2012a）。

本书旨在解决的核心问题是，在媒体融合的大背景下，中国报纸编辑部组织结构转型的重要问题。本书的研究初衷是解决是什么、为什么和怎么样的问题，即解决媒体融合背景下，中国报纸编辑部组织结构转型构的原因是什么、转型的现状是什么以及转型后存在哪些突出问题；为什么在报纸编辑部组织结构转型后会产生这些问题；中国报纸编辑部的组织结构在未来还会按照怎样的思路或者方向转型，是否会出现新的模式来指导中国报纸编辑部组织结构的转型。科技的进步是人类文明发展的重要标志，技术的革新会推动人类社会的各个领域不断地、持续地向前发展。数字技术对社会各个领域都存在不同程度的影响和冲击，相对而言，这种"破坏性的技术"给传播领域带来的是不可复制且巨大的变化。新媒介在传播领域上的迅速扩张也进一步加快了媒体融合的步伐。在这个数字化、网络化和信息化的时代里，我国传统媒介尤其是报纸媒介受到来自技术洪流上的冲击是最明显的，遭遇到的困难和挑战也是最大的。传统媒介尤其是报纸，实现自我转型和变革是其能够生存下去的唯一出路，我国报业数字化转型战略的提出，就是为了应对新媒体的强烈冲击。报业组织的核心任务在于如何把新的数字传播技术、网络技术运用到报纸内容生产的层面上，为用户提供更加精准的内容服务。不管是在过去模拟信息的时代，还是在当下数字信息的时代，报纸的内容生产和建设才是报纸的生存之本。如果一味盲目地追求传播技术上的革新，忽视了报纸的内容建设，那么报纸媒介也就失去了原本最强大的优势，更谈不上与新媒介之间的竞争了。所以，报业组织内容生产的核心地带——报纸编辑部及其重构对于报业组织而言是非常重要且核心的环节。首先，从报纸编辑部自身而言，作为一个独立的组织，其组织结构的转型是其他变革的首要条件和基础，只有先从组织结构上进行突破、变革，才能从根本上实现报纸编辑部的重构。其次，从报业组织整体而言，组织结构是一个组织有效实施既定战略的有力保障，报纸编辑部组织结构的转型对于报业数字化转型战略的进一步推进起到了至关重要的作用。

虽然报纸编辑部的重构随着媒体融合的进程在持续进行，但从我国整体报纸编辑部转型的情况来看，和国外编辑部融合的进程相比，我们目前探索的程度还存在巨大差距。学界对报纸编辑部组织结构转型的研究，大都集中在对流程再造和国外成功案例的描述上。从理论层面上来看，本书选取了报纸编辑部为研究对象，深度剖析媒体融合对报纸编辑部的组织结构、内容生产以及流程再造产生的重大影响。深入分析和梳理了中国报纸编辑部组织结构转型的动因、现状和问题，在此基础上提出了报纸编辑部组织结构转型的优化策略。从实践层面上来看，本书从报纸编辑部及其组织结构转型这一视角切入，揭示我国报业组织结构转型、报业数字化转型进程中面临的问题和困境。从对报纸编辑部这个基层的报业组织的系统分析，由小及大，逐步推导出报业组织结构、传媒集团组织结构存在的问题以及未来转型的思路和方向，为业界实施报业数字化战略提供理论资源上的支持和路径指导。本书有助于进一步厘清中国报纸编辑部组织结构转型的路径，提出基于中国报业研究与再生实践的理论上的新观点，为我国报业发展研究与报业管理理论的学理化发展尽绵薄之力。

第一章 媒体融合的研究进路

第一节 媒体融合的概念及层次

一、媒体融合的概念

媒体融合在全世界兴起及发展的时间有所不同,但媒体融合这一现象迅速成为众多新闻媒体竞相探索的目标。掌管《纽约时报》长达34年之久的阿瑟·奥克斯·苏兹贝格（Arthur Ochs Sulzberger Jr.），就是众多尝试媒体融合的先行者之一。早在2004年，他就在美国西北大学的一次会议上提出媒体融合会成为媒体未来变革的方向。放眼欧洲，贝塔斯曼集团也是德国尝试媒体融合的先锋之一。自此，全球的传媒集团、新闻机构相继展开了关于媒体融合的探索。媒体融合这一概念的界定自诞生之日起一直"众说纷纭"，呈现出多样化的特点。这是由于国外的学者对于媒体融合的研究视角各不相同，关于媒体融合的概念也带着各自研究视角的独特观点。研究初期，有学者将其称为"媒介融合"，这一概念最早是由美国传播学者伊契尔·德·索勒·普尔（Ithiel de Sola Pool）教授提出的，他认为各种媒介正朝着多功能一体化的趋势发展；美国新闻学会媒介研究中心主任安德鲁·尼彻森（Andrew Nachison）对媒体融合的定义是最为广大受众所接受的，他强调媒体融合是各种不同数字媒介之间，在战略、操作和文化层面的一种联盟；英国传媒经济学家吉莉安·道尔（Gillian Doyle）从技术的角度出发，认为媒体融合是电子通信技术、计算机技术和媒体的融合。媒体融合的倡导者，是来自堪萨斯大学新闻与大众传播学院的教授詹姆斯·甘特里（James Gentry），他认为媒体融合实质上是一种能力，这种能力能够通过目前各种媒介甚至是未来会出现的新的媒体平台，进行信息传播、内容营销等（蔡雯，2012b）。

同样，在我国涉猎媒体融合的诸多研究中，关于媒体融合概念的界定也来自不同的研究视角。高钢等在《关于媒体融合的几点思索》中认为，"媒介融合"这个概念需要拆开进行分析,"媒介"是名词而"融合"是动词。媒介融合实际上是一种不断运动变化的过程状态,如果要把媒介融合整体当作一个名词来解释的话,那么应该是指经过融合之后的媒介(高钢和陈绚,2006)。蔡雯教授是我国涉猎媒介融合与融合新闻较早的学者,她的相关著作和论文都为后续的研究打下了坚实的理论基础。根据蔡雯教授对国内研究者在媒体融合相关研究的分析,笔者主要总结了以下几个研究方向:第一,基于媒介融合的技术层面,大部分的研究都从媒介形态本身、构成以及未来发展趋势进行微观层面的定义。熊澄宇指出所有的媒介都在向数字化、电子化的方向发展,并建立在数字技术和网络技术的基础之上,这就是媒介融合(熊澄宇,2002)。蔡帼芬在《加拿大媒介与文化》一书中指出,媒介融合首先是技术上的融合,技术的革新是媒介融合的关键因素,信息传播的载体从模拟信号转变为数字信号(蔡帼芬,2004)。目前我国媒体融合的发展更多地体现在传统媒体和以互联网为首的"第四媒体"的交互结合上。丁柏铨教授认为媒介融合是由新媒体及其他相关因素所促成的媒介间在诸多方面的相交融的状态(丁柏铨,2011)。新媒体的强烈冲击,使传统媒体激发出求生本能,但传统媒体在技术上并不占优势。为了能在短时间内快速弥补技术上的短板,传统媒体只有选择与新媒体融合,才能达到较为稳定的双赢局面。因此,对媒介融合概念的界定,蔡帼芬认为媒介融合是传统媒体和新媒体相互渗透、你中有我、我中有你的一种发展趋势和过程(蔡帼芬,2004)。第二,从传媒业务实际操作层面展开研究,这属于中观的层面。美国新闻学会媒介研究中心主任安德鲁认为,媒介融合就是印刷、音视频以及互动数字媒介之间的联盟,是一种带有战略、操作和文化的意义的联盟(熊澄宇等,2006);鲍立泉认为,媒介融合是不断创新发展且持续保持动态的,这种结果绝不是一种静态的呈现。媒体融合的发展固然依赖于新技术的研发,技术的发展会略微超前于应用该技术的媒介。但如果这种技术尚未运用到实际操作中,那么媒体融合依旧停留在"纸上谈兵"的阶段。因此,研究媒体融合要立足于当前的传媒业务层面和技术环境的双重背景下去解读,才能在一定程度上适当地超前观察融合媒介在未来的发展形态(鲍立泉,2013)。邵鹏提出,媒介融合不只是简单意义上来自技术、机构、经营以及内容上的融合,而是一种复杂的观念上的融合和整体性的融合,旨在实现人、财、物、讯四大资源的优势最大化并对其进行科学协调（邵鹏，2013）。此外，丁柏铨教授也提出了媒体融合的内涵包括物质、操作和理念三个层面的融合，物质即工具层面，操作即业务层面，理念即意识层面（丁柏铨，2011）。第三，基于"大传媒"的概念，结合媒介融合经济学、社会学等学科理论，强调社会监管和受众参与的融合，这是从宏观层面展开的另一种解读。电信行业、IT 行业、电子产业等均不同程度地介入媒体融合，传媒行业面临全面竞争（王菲，2007）。

蔡雯教授基于以上学术观点的汇集，认为在技术的推动下全新的传输平台生成了，在此平台上不同媒介之间在内容、渠道和接收终端等方面相互作用，呈现出"你中有我、我中有你"的局面，从而在融合互动的过程中形成一种共同竞合的态势（蔡雯，2012b），这是她对于媒体融合的一种界定。此论述高度概括了媒体融合作为一种历史的发展趋势，基于技术的进步发展到较高阶段后所产生的突变，逐渐突破传统媒体与新媒体之间的技术边界，并最终形成了一种较为清晰的融合模式（杨溟，2013）。笔者基于本书研究视野之下，并结合诸多学者的研究成果，对媒体融合的概念也提出了界定：媒体融合是在数字技术和网络技术的驱动下，不同媒介生产者、内容、渠道以及终端之间的融合互动，致使传统媒体和新媒体的技术边界日益模糊并且二者趋于融合的一种演进趋势。另外，伴随媒体融合的另一个相关概念是融合新闻，融合新闻是媒体融合在中观研究层面上的一个分支。换句话说，融合新闻是从应用新闻学的角度对媒体融合展开的深层次研究。来自美国南加州大学拉里·普约尔（Larry Pryor）教授曾对融合新闻进行过概念界定：融合新闻诞生于报纸编辑部，记者、编辑生产出多样化的产品以满足不同媒介平台上的传播，以此增强与用户之间的互动性和黏性（蔡雯，2012b）。

二、媒体融合的四个层次

媒体融合是各种媒介生产和营销要素的并合、竞合、调合与化合，在不同的层次需要采用不同的融合方式，因此我们将媒体融合的类型大致分为以下四种：机械性融合、物理性融合、化学性融合以及生物性融合，这也是媒体融合在发展过程中呈现出的自下而上的四个层次。

第一，机械性融合。这是媒体融合中最低层次的融合，通过"机械"二字不难理解，它是指不同媒介之间主要依靠传媒外部的力量驱使进行融合，比如来自行政力量的干预或者其他外部压力等，并不是依靠传媒本身的内驱力进行融合的。例如我国有许多报业集团、广电集团仅仅只停留在表面上的"合并"，实则没有实质性的融合发展。这种机械性的融合并未产生太多积极影响和意义。

第二，物理性融合。这是自下而上的第二层次的融合。市场这只"看不见的手"从背后推动了媒体第二阶段的融合，在"资本融合""技术融合"的驱动下，我国一部分媒体集团在原有基础上或创办或合并了部分媒体产业，比如网络媒介、出版社、杂志社等。虽然集团产业的规模和媒体数量方面有了些许调整和变化，但我们不难发现，发挥主导作用的仍然是其原有的主流媒体。虽然有合并、创办新媒体的行为，却并没有诞生具有全新属性的媒体产品，因此这种融合仅仅是一种物理上的叠加。

第三，化学性融合。这是媒体融合发展的第三层次，此阶段融合的实质是媒体的自我转型和革新。之所以称其为化学性融合，是因为较物理性融合而言，第三层次的融合改变了媒体属性。在多种资源聚合的情况下，不同介质的媒体经过重新优化、整合后，形成了一种全新的综合性的媒介形态，呈现出"你中有我、我中有你"的状态，原有的媒介形态间的壁垒已被彻底打破。化学性融合是一种从微观到中观再到宏观层面、从战术到策略再到战略高度的融合。相较机械性融合和物理性融合，它是一种更加全面、立体和系统的变革。就如同物质产生了化学变化，这种融合从本质上来说打破了原有的传播秩序和体制，甚至在变革的过程中会损害部分人的既得利益，因此化学性融合面临的挑战和难度也更大。

第四，生物性融合。这是媒介融合金字塔模型中的最高层级。从媒体融合的角度来说，生物性融合的实质是产生出精神内涵和物质形态融合的多功能媒介形态。当不同媒介经过长期的发展和沉淀后，媒体融合之路将逐渐趋于一种更加平衡、和谐和永续的发展态势。在未来，完全有可能会产生一种集所有媒介形态的优势和功能于一体的全新媒介平台，并诞生与之匹配的全新的组织结构和运行体制。

有一点需要强调的是，并非所有媒体都会经历上述四个层级的融合，有的媒体也许只停留在某一个较低的层级,有的也许长时间保持在较高的融合层级,更有甚者会逐一经历四个层次。但无论涉及哪种情况,一个媒体只要存在自下而上的融合发展,就是一种进步(邵鹏,2013)。

第二节　媒体融合及传播技术形态的演进趋势

一、从媒介竞合到媒体融合的演进

回首过往的传播体系,报纸、广播、电视等传统媒体自诞生之日起便遵循各自媒体的特性,在各自领域独立发展,并未产生过多交集。不可否认的是,每一种新媒介的诞生都会对现有的媒介产生巨大的冲击,且相同媒介和不同媒介之间必然出现竞争。例如众多报纸媒体之间存在着巨大竞争,报纸同广播、电视之间也存在竞争关系。随着时代的发展,各类媒介逐渐意识到"单枪匹马"的时代正在逐渐发生着变化。不同媒介之间彼此借鉴、学习、联动的态势愈发明显,并且在产权关系上互相渗透,以达到"共存共荣"的双赢局面(杨溟,2013)。竞争中包含合作,合作中也存在着竞争。这就是媒体融合的最初阶段。媒体融合的演进也大致经历了媒介竞合、媒介整合再到媒体融合的三个阶段。

(一)媒介竞合

媒体融合在诞生之初又被称为媒介竞合,这是由于在最初阶段,媒介竞合只是不同媒介之间一种机械性的、物理性的叠加。且由于世界各国在国情等方面有所差异,因此媒介竞合的发展进程、融合程度以及产生影响都有所不同。上文中已经提到,随着时代的发展,各类媒介意识到"单打独斗"的局面正在逐渐远去,取而代之的是不同媒介之间为了一个共同的双赢局面,彼此借鉴、相互合作,但也仍旧存在着竞争关系。

追溯媒介竞合的起源,首先要回顾媒介进行传播的符号因素。媒介的信息传播总是要借助一定的符号才能实现,不同的媒介有着不同的符号体系,且不同类型的符号具有不同的功能:比如说语言符号具有抽象性,因此具有演绎功能;非语言符号具有形象性,因此具有再现功能。报纸、广播、电视和网络新媒体都运用了两种以上的符号来构建自身的传播符号体系。传播中采用的符号体系不同，直接导致了媒介的传播功能也各有短长。报纸以文字传播为主，擅长析事说理的深度报道和旁征博引的新闻评论，作为印刷媒介，报纸具有易保存、易查阅、易携带、阅读自主等突出优势。但由于报纸的符号体系是不具备有声语言符号的，因此其在新闻事件的再现、传播的时效、传播效果的感染力等方面有所欠缺。但这并不影响报纸在大众传播事业发展中的主导地位（蔡雯，2017）。

自广播出现后，报纸媒体的垄断地位悄然发生着变化。广播采用的是有声语言符号和听觉性非语言符号两种符号体系。与报纸相比，广播的传播优势主要集中在以下几个方面。首先，由于无线电技术的特点，广播所依赖的载体打破了地域的限制，声音传播的快速和便捷使广播具有很强的伴随性和时效性。受众无论何时、何地打开广播都能够收听到信息资讯和各种节目。其次，听觉性符号使广播的新闻报道更具实证性，也更加容易感染受众。由于听觉性符号难以附载于实物以及收听次序的不可选择性，广播的劣势也较为明显：比如在节目内容上，广播所传播的内容深度远不及报纸的报道深度；广播节目稍纵即逝，人们很难将其像纸质媒体一样进行长久保存；此外，由于广播需要附加在收音机这类中介上使用，一台收音机的价格要远远高于一份报纸的价格，并不是所有受众都愿意支付这笔费用；另外，由于获取信息方式和阅读习惯的不同，不少受众仍优先选择报纸媒体获取日常新闻信息。综上所述，虽然广播的诞生或多或少地对报纸媒体有过冲击和影响，但它并不能动摇报纸媒体在大众传播中的稳固地位。

第二次世界大战后，电视媒体开始迅猛发展，并对报纸和广播产生了前所未有的冲击。但电视和广播一样，有着明显优势的同时也带着自身难以规避的短板。电视的符号系统比报纸和广播都要丰富，它同时拥有语言符号和非语言符号、听觉符号和视觉符号，因此传播功能足够强大。但是，在当时的技术条件下，电视所采用的符号系统和广播一样难以保存、查询；电视媒介需要依靠电视机这类中介进行传播，价格昂贵且难以像纸质媒体一样随身携带。在电视诞生之初，许多专家纷纷发表电视将完全取代报纸和广播的言论，但最终事与愿违。

网络新媒体从理论上来说能够克服前三类媒介的缺点，因为它具有最全面的符号系统,且这些符号的运用非常灵活。但是我们仍旧要看到这种传播符号体系下的限制,越复杂的符号系统对传播设备的依赖性也越强,可能会造成信息接收的不便。传播符号在摆脱媒介时空的束缚后形成了信息泛滥,受众会被大量无效的信息所淹没,从而产生接收障碍(蔡雯,2017)。

因此,在准确分析和把握媒介传播的符号因素的基础上,让每一种媒介根据自身的符号系统扬长避短,使媒介潜在的资源得到充分的开发利用,久而久之,不同媒介之间就形成了"各司其职、各安其政"的局面(杨溟,2013)。虽然基于传播技术的新兴媒体如雨后春笋般出现,但其终究难以取代传统媒体的地位。伴随着这种传播格局,媒介竞合的态势也逐渐展露。传统媒体和新媒体互为所用、取长补短,在竞争中合作。1920年,世界第一家广播电台KDKA开始播音,播送的第一则新闻就是来自当地的一张报纸——《邮报》上的内容(杨溟,2013)。我国通过广播开展读报节目最早可以追溯到1950年的《首都报纸摘要》,也就是现在中央人民广播电台的《新闻和报纸摘要》栏目。凤凰卫视作为我国香港地区电视行业中的佼佼者,在其1998年开播的《凤凰早班车》节目中,也是通过报纸摘要的形式播送的新闻。从新闻编辑的角度来说,报纸同样借鉴了电视、网络媒体的编辑方针和特色,在版面设计上进行大胆创新和突破,使报纸版面彩色化、立体化,进一步提升视觉上的冲击力,大大增加了报纸的可读性和趣味性(杨溟,2013)。

媒介竞合最根本的动力来源于人类对信息环境更高层次的需求。不管身处哪个时代,任何一种单一介质的媒体都无法满足受众对于信息传播多样化的需求,也很难通过单一的传播介质达到一种理想的信息传播环境。媒介竞合实质上就是不同媒介各自发挥自身优势,从内容生产的层面互为所用,在竞争的基础上合作,也在竞争合作中共存。有一点值得强调的是,之所以称其为媒介竞合而非融合,最关键的原因是无论从业务层面还是从战略层面来看,不同媒介形态之间依然泾渭分明,这就是媒介的竞合观,也是媒体融合的最初阶段。

(二)媒介整合

整合意为集结不同的意见或事物,重新统合,成为新的整体。更为具体的阐释是把零散的东西彼此衔接,从而实现信息系统的资源共享和协同工作,形成一个更有价值、更有效率的整体。媒介整合在媒体融合的整体进程中，属于一个过渡性的阶段，我们在提及整合的时候往往会联系资源，实际上是一种对现有零散资源的再组合、再优化。最终目的旨在实现新闻传播系统的资源共享以及各媒体终端之间的协同工作。

在上述媒介竞合阶段，报纸、广播、电视被称为传统媒体，随着计算机技术的进步，网络这一新型媒体诞生了。网络媒体的到来迅速打破了传统媒体的传播态势。和传统媒体相比，网络媒体的互动性、开放性和兼容性都更为突出，且具有庞大的容量，这是任何一种传播媒介都无法比拟的。尤其是传统媒体与受众的互动，往往是非常滞后的，这也给传统媒体的内容优化造成了一定程度的影响。但网络媒体的互动性是一种实时互动，绝大多数情况下都能够进行及时反馈。从加强与受众互动的意义上来说，媒介之间的整合能够在互动内容的融合上，使不同媒介扬长避短。比如，通过手机短信、网络论坛（Bulletin Board System，BBS）等可以对传播的信息内容进行有效补充，这正是报纸、通讯社、电视台等传统媒体基于网络平台进行运作，网络化转型的一种生成机理。互动就意味着相互影响、相互适应，同时也为媒体的内容融合提供着力点。

信息在时空中的流动、传播需要实时互动和及时反馈，这需要各种媒介通力合作才能实现。受众对于不同媒介的选择也体现出了较为冷静和客观的判断及认知。在媒体融合的发展过程中，也出现了以下三种较有代表性的观点：第一，网络媒体最终会取代传统媒体；第二，网络媒体会成为传播体系中的主导媒体，而传统媒体将走向边缘化；第三，网络媒体并不会取代传统媒体，而是作为一种新型媒介资源的补充，与传统媒体共生共存，共同发展。在上述三种观点里，持最后一种观点的人占多数。这种观点承认了网络作为一种颠覆性形态的新兴媒体，有着巨大的能量，但任何事物都需要辩证看待。首先，网络媒体需要依赖计算机这种传通中介才能实现信息传播，计算机的价格相较于其他传统媒体的传通中介而言是非常昂贵的，这并不在所有受众的承受范围之内；其次，计算机的普及难度高于其他传通中介，对受众使用和操作计算机的技能有一定要求；再次，网络媒体带来了海量化的信息覆盖，无形中也增加了许多无效信息甚至是垃圾信息，且网络媒体更加追求时效性，容易导致信源核实不到位的情况，使信息的权威性和真实性大打折扣；最后，传统媒体由于长期深耕内容生产，拥有一批训练有素的采编队伍。网络媒体发展初期，更注重技术人才的培养，对于优质内容的生产不及传统媒体。

回顾传统媒体和新媒体整合发展的历程，以下几个现象尤为突出。第一，众多传媒集团中的网络媒体部分，都是从其传统媒体的架构中衍生出来的，并在发展中逐渐演进成为支柱产业。比如人民网，创办于1997年1月1日，是世界十大报纸之一《人民日报》建设的以新闻为主的大型网上信息交互平台；新华网是国家通讯社新华社主办的综合新闻信息服务门户网站；央视网是中央广播电视总台主办的中央重点新闻网站，等等。第二，网络新媒体的冲击让传统媒体从新闻获取、采编、加工、整合等各个环节，由过去单一的介质逐渐向网络化发展，网络媒体的特点和功能迅速渗透到传统媒体的工作流程之中。第三，传统媒体和网络媒体在信号传输、接收终端等处理模式上与网络系统逐渐并轨，且之间的界限日益模糊。第四，网络媒体的兴起颠覆了过去对传统媒体的定义，大众传播媒介已经不单单是传播信息的专业化机构和载体了。媒介整合在媒介竞合的基础上进一步发展，使原本清晰的媒介之间的界限日趋模糊，传统媒体和网络新媒体开始在所有权、组织结构等层面进行资源重组，在信息采集、播发等业务层面上，开始相互渗透、协同工作，并在操作系统终端上共享信息资源，实现资源利用最大化，且在传播终端、载体、数据编码等技术层面走向合作，这就是媒介整合的时代（杨溟，2013）。

（三）媒体融合

媒体融合是演进过程中的第三阶段，与前两个阶段相比，主要从以下几个方面产生了更加深层的变化：传统媒体和网络新媒体之间不再泾渭分明，二者从生产流程、组织结构、媒介所有权等方面逐渐实现全面融合，内容生产成为核心竞争力；逐步实现媒体融合的全能型终端，稳步推进"三网合一"；受众获取信息的渠道和选择更加多样化，对于信息的诉求也逐渐提高。媒介竞合、媒介整合和媒体融合之间最重要的区别还是落在对媒体最终发展趋势的理解上。从竞合、整合到融合，这是一个逐步深入的过程，也是一个逐渐递进的关系。媒介竞合是媒介之间在业务层面相互借鉴和互为所用，是一种简单的物理叠加；媒介整合是传统媒体和网络新媒体开始从生产流程、技术范畴以及组织结构等层面相互渗透并产生影响；媒体融合进入了"大融合"阶段，在技术的推动下生成了全新的传输平台，不同媒介之间在内容、渠道和接收终端等方面相互作用，呈现出"你中有我、我中有你"的局面，从而在融合互动的过程中形成一种共同竞合的态势。

媒体融合的演进之路改变了传媒产业、传媒市场以及受众之间原有的关系，而且媒体融合的演进还会持续发展下去，媒体融合并不是媒介演变的终点和尽头。媒体融合还将产生怎样的变化、是否还会在现有模式上继续作出突破等，这都是未来应该持续关注和研究的重点问题。当前，大众传播的生态环境正在发生变化，并逐渐走向重构之路。重构将经历三个阶段：转型、裂变和融合（吴海民，2008）。我们可以这样理解，媒体融合的发展趋势并不是所有的传播技术指向同一种媒介，而是一种媒介本身就可以包含多种传播技术。上文曾提到，构建具有核心竞争力的新闻产品成为媒体融合过程中最核心的问题。不同类型的媒介根据自身的符号系统和功能特点，发挥各自优势、实现资源增值、生产优质内容，进而提升品牌影响力和舆论引导力。在这样的背景下，数字时代新闻信息传播机构将在"做大"的基础上"做专"。"做大"是从传媒机构的规模上出发的，要构建一个包含不同数字传播平台、面向不同层次受众群体提供个性化订制信息服务的全媒体集团。"做专"是从信息传播更加专业化的角度来谈的，传媒机构要通过核心传播技术的研发，在内容生产、资源整合以及市场占有率上建立起绝对的领先优势，成为行业领域的标杆。

当传媒行业出现"大者恒大"的局面和态势时，也意味着行业进入了"大媒体时代"。未来的传媒格局将呈现出报纸媒体整体边缘化、电视媒体更加娱乐化、传播渠道多终端化的态势。身兼移动、便携、互动、多媒体等特点的"大媒体"，将成为未来的主流媒体（宋建武和董鸿英，2008）。部分学者给出了更为长远的展望和预判，手机作为可移动的媒介终端，将占据未来"大媒体"的主导地位。传统媒体的行业边界伴随数字信息技术的发展被打破，媒体的价值链和产业链会在一个全新的范畴内进行重组。传统媒体的技术形态会朝着移动互联网继续发起冲击，人类进入了一个移动的多媒体时代，未来的"大媒体"有可能转移至以手机为中心（钟沈军，2012）。

二、媒体融合过程中传播技术形态的演进

科技的发展产生了媒介。也是技术的发展，使人类从单一的传播介质逐渐演进到如今的多种传播介质并存的态势。从媒介竞合、媒介整合到媒体融合，每一个阶段的演进和变化既是观念变迁的过程，也是传播技术的巨大影响。网络媒体的诞生也是依附于数字传播技术的创新和研发。透过技术层面，我们可以厘清媒体融合是如何随着技术的发展而不断推进的，这也是从另一个视角来反观媒体融合的发展历程。

（一）纸媒和电子媒介技术下的模拟传播技术时期

人类在大规模使用媒介之后、数字传播技术诞生前的这段时期，统称为模拟传播技术时期，这个时期主要依赖于纸质媒介和早期的电子媒介技术。当然，在这个时期所出现传播技术并不都能与模拟传播技术相呼应，比如报纸是基于造纸术和印刷术逐渐发展起来的，但这两项技术并非模拟传播技术。从西汉时期造纸术的发明，到1797年法国人尼古拉斯·路易斯·罗伯特（Nicholas Louis Robert）发明了机器造纸的方法，纸张的价格大幅降低。活字印刷术也是我国发明的，直到1450年，德国人约翰纳斯·谷登堡（Johannes Gutenberg）发明了铅合金活字印刷术，大大提高了印刷的性能。1845年，世界上第一台快速印刷机诞生，至此印刷术踏上了机械化发展的道路。1860年，美国研制出轮转机，随后德国生产出双色快速印刷机；20世纪70年代，印刷技术朝着多色高速的方向发展；20世纪90年代，彩色桌面出版系统的推出昭示着计算机技术已经全面进入印刷领域（杨溟，2013）。回顾印刷技术的发展历程，它的每一次进步都与报纸的发展历程紧密交织在一起。这项技术不但降低了生产成本、提高了印刷的质量，也改善了报纸采编、发行的手段。随着技术的逐步推进，模拟传播技术开始初登历史舞台，虽然模拟技术不是报纸媒体的核心技术手段，但纸质媒体也运用模拟传播技术提升传播力和影响力，电报技术正是报纸媒介应用模拟传播技术的最佳力证（鲍立泉，2013）。

模拟传播技术的诞生给另一种媒介打开了新的大门，那就是广播。广播依赖无线电波或者导线传送声音信息，电视亦是如此。广播的诞生得益于无

线电波的发现，以及电子管、超外差电路的发明。1864年，英国物理学家詹姆斯·克拉克·麦克斯韦（James Clerk Maxwell）提出了放射性的电波能够无线传送的论断；1895年，意大利人伽利尔摩·马可尼（Guglielmo Marconi）和沙俄科学家亚历山大·斯捷潘诺维奇·波波夫（Александр Степанович Попов）分别进行了无线电传送信号的实验，并获得成功；1906年，美国第一个无线电节目试验播出；1920年，美国匹兹堡 KDKA 电台开始播音，世界上第一家无线广播电台诞生（杨溟，2013）。20世纪初，随着技术的进一步发展，电子管的成功研制给电视媒介的诞生奠定了坚实的技术基础。电视机的核心技术正是基于电子管的研制，并且经历了晶体管和集成电路的发展历程。20世纪下半叶，伴随电视机在全球的迅速普及，电视节目开始陆续制作播出；20世纪70年代，有线电视迅速发展；20世纪80年代中后期，电视直播卫星进入了试用阶段，跨国卫星电视逐渐走进千家万户。在电视媒介还没有进入白热化发展阶段时期，录音机、录像机等电子媒介红极一时。不容置疑的是，电子媒介的诞生，为人类文明的发展提供了新的传播媒介，改变了受众接收信息的方式和习惯，极大地丰富了人类的物质文明生活。与传统印刷媒介相比，电子媒介更易于被不同文化程度、具有不同媒介素养的受众所接受，使用范围大幅度提升，这都是基于电子媒介技术的鲜明特点（毕书清，2015）。

模拟传播技术时期，媒介之间的合作关系主要维系在跨媒介协作或是联动上。跨媒介协作是通过不同类型的媒介在传播目标和传播效果上选择各自的侧重点，通过相互补充、资源共享形成新的传播矩阵，使传播效果和影响力更为突出，从而提升媒介的竞争力（鲍立泉，2013）。由于跨媒介资源交换在模拟传播技术的支撑下存在先天不足，跨媒介协作的成本不断攀升。基于模拟传播技术时期的不同媒介之间只能产生表层关系，也就是上文提到的物理性的变化，并非像数字传播技术时期的媒介融合那样，足以产生化学反应。因此在模拟传播技术时期，媒体融合的发展同样带有一定的局限性。

（二）计算机和网络技术下的数字传播技术时期

回顾报纸、广播、电视等传统媒介诞生的路径，我们可以梳理出媒介发展的一条重要规律：媒介的诞生总是能够满足人类某种感官能力的延伸。20世纪 60 年代，"新媒介"随之提出并沿用至今，我们可以将它看作是一种扩展性、多样性传播科技的应用形式（毕书清，2015）。在"新媒介"的背后，计算机技术的发展功不可没。1946 年，世界上第一台电子计算机诞生了，从此人类的生活发生了巨大的变化。计算机技术沿着电子管、晶体管、集成电路、大规模集成电路和超大规模集成电路的发展路径一路高歌猛进。在漫长的发展过程中，计算机"硬件"的研发从未止步。当然，计算机"软件"的开发也不容小觑。计算机发明之初，是由"0"和"1"这两个数字按照一定规则进行排列组合的，这被称为计算机语言。20 世纪 50 年代，计算机语言演进至汇编语言，相比二进制时期，这种汇编语言更易于后期调试和维护。1954 年，更加高级的语言——FORTRAN（Formula Translation）语言问世。迄今为止，计算机的高级语言已经多达几百种，比如我们熟知的 BASIC（Beginners' All-purpose Symbolic Instruction Code）、Java 编程语言（Java programming language）等。计算机的高级语言与自然语言和数学表达式相当接近，具有很强的通用性，且大大提高了计算机编程的工作效率。从计算机这个载体的发展我们可以看出，这是一个趋于"智能化"的发展历程，因为它可以模拟人类的感知、行为甚至思维。诞生初期，计算机仅仅作为人类信息处理的一种新兴工具。随着数字传播技术的发展，计算机逐渐向社会各个领域渗透，直到成为除了人体之外的全能融合体（杨溟，2013）。

在计算机领域中，网络是信息传输、接受、共享的虚拟平台，通过它把各个点、面、体的信息汇聚到一起，从而实现这些资源的共享。网络是人类有发展史以来最重要的发明之一，为科技和人类社会的发展提供了源源不断的技术支撑。互联网（Internet）始于 1969 年美国的阿帕网，我们通常所说的 Internet 实际上特指因特网。这种将计算机网络互相联接在一起的方法是"网络互联"，在这个基础上发展出覆盖全世界的全球性互联网络就是互联网，是一种互相交织连接在一起的网络结构。于是，网络的诞生将全世界联系在一起，形成了"地球村"。网际互连协议（Internet Protocol, IP）地址是网络运行的基础，通常用二进制来表示；网络上每台计算机之间也存在一种语言，即网络协议。不同的计算机之间必须使用相同的网络协议才能够进行通信，拨号接入是人们早期接触到的一种网络接入方式。但拨号方式存在一定的技术缺陷，电信企业通过数字语音内插（digital-speech interpolation，DSI）技术再一次证明了其所属的优势地位。这里提到的 DSI 就是数字用户线路，目前我国流行的是非对称数字用户线路（Asymmetric Digital Subscriber Line，ADSL）技术，即一种不对称数字用户线实现宽带接入互联网的技术。研究表明，电话网、有线电视网和专用的数据线路共同组成了网络的通信线路，而网络本身又可以提供网络电话和网络广播电视等业务。在上述三种服务之间，其信道区分逐渐模糊，"三网融合"在当时也呼之欲出。正是基于"三网融合"的提出和切实推进，从数字传播技术层面为媒介融合的发展打破了壁垒、扫清了障碍（杨溟，2013）。

网络技术给传统媒介带来的冲击和影响既巨大又深远，传统媒介开始借助新媒介的力量弥补自身的短板。尤其在内容生产和资源整合等层面，网络数字传播技术使优势资源得到最大限度的开发。传统媒体借力数字传播技术实现其转型之路，主要体现在以下方面：首先，和传统媒介相比，网络媒介的发行渠道在内容承载上的优势更加明显。从管理制度上来看，网络传播的运营成本和其传播区域的大小并无直接联系，这是由网络媒介自身的兼容性和传播的等距性决定的。因此，传统媒介可以借助互联网平台，扩展自身的发行渠道。其次，数字传播技术在内容生产上侧重于数字化采编、数字化发行、数字化存储技术以及数字化的管理系统等。传统媒介的优势在于其优质的内容生产。倘若在此基础上借助数字传播技术，能有效降低内容生产成本、加强信息资源的整合，助力传统媒介进一步优化内容生产的能力。

当然，在计算机和网络技术下的数字传播技术时期，网络媒介同样需要借助传统媒介来扩展相应的业务。2006 年 4 月，国内互联网综合服务提供商腾讯公司与重庆日报报业集团强强联手创立了区域门户网站腾讯·大渝网；2007 年建成腾讯·大成网；2008 年建立腾讯·大楚网；等等。这一系列的操作都体现了传统媒介和新兴媒介之间，正在逐渐打破由于技术因素而横亘在二者之间的壁垒，最终达到双赢的目的。总体来看，数字传播技术使得不同媒介在内容生产和传播上的鸿沟逐渐消失，各种媒介之间内容形态的归属也愈发模糊。数字传播技术对媒介内容融合的推动起着积极的作用（鲍立泉，2013）。

第三节　国内外关于媒体融合的研究进程

在上述章节中，笔者对媒体融合的概念、层次、媒体融合和传播技术形态的演进展开了详尽的梳理。本节笔者尝试从近年来，国内外学者对媒体融合所做的相关学术研究作进一步的梳理，以期从理论层面反观媒体融合整体的发展进程。由于"媒体融合"这一概念属于舶来品，本书首先对国外学者的相关研究进行梳理，进而对国内学者的重要研究进行总结归纳。

一、国外学者关于媒体融合的研究探索

西方的纸质媒体，尤其是报纸媒体最早受到网络新媒体的强烈冲击，西方国家启动报业数字化转型的时间相较其他国家和地区也是比较早的。因此，国外学者对媒体融合的整体研究时间也相对较早、研究成果相对集中，主要的研究视角大致集中在媒体融合的溯源、技术以及文化层面。1983年，美国传播学者普尔教授在其著作《自由的科技》一书中就提出了"传播形态融合"（the convergence of modes）这一概念。他认为媒介之间由过去点到点、面对面的传播模式开始转变为一种全新的传播形态融合的新型模式，原有的传播界限逐渐变得模糊。这种融合需要依靠多种媒介技术的支撑，才能完成内容和服务上的整合（Pool，1983）。1994年，《纽约时报》在报道圣荷西水星报与美国在线共同推出名为《水星中心新闻》电子报服务的小标题是"一次媒介融合"（A Media Convergence），第一次提出了媒介融合的概念。媒介融合的提出，给陷入"危机"的传媒媒体带来了希望，尤其是报纸媒体在数字化浪潮的推动下，积极寻求与新兴媒体之间的融合之路。这使在很长一段时间里处于低迷期的纸质媒体散发了新的活力，也为其后续的转型升级创造了新一轮的发展空间。

美国学者约翰·莫顿（John Morton）在追溯媒介融合根源之时指出，融合这一行为在社会其他行业早已出现多年。融合在传媒行业出现是比较晚的。新的数字技术从诞生到运用，需要一定的时间。新的传播技术的诞生必将引发新兴媒介的横空出世，但是新兴媒介并不会完全取代旧的媒介，二者在同

一时空中共生共存，这就必然会引发媒介融合。莫顿从其他行业的融合反观媒体行业的融合，例如美国汽车制造商常常会销售日本制造的轿车，虽然表面上看二者之间属于竞争关系，其实不然。美国汽车制造商在日本制造的汽车上标明自己的商标品牌，很多美国的汽车公司在日本汽车制造企业中股份占比较大，因此这是一种合作共赢的关系。这种情况也会在媒体行业中出现，但和其他行业有所区别的是，当融合发生在传媒行业中，随着新的传播技术、数字技术、网络技术以及信息技术等的发展与更替，传媒行业内的融合会成为一种自动自发的趋势，传统媒体为了突破技术壁垒下的困境，会积极、主动地寻求媒体融合的道路（Morton，2000）。学者阿利·科隆（Aly Colon）指出，20 世纪 50 年代，部分报社拥有自己的电视台，并且报纸媒介和电视媒介共享新闻信息资源，产生了印刷媒介和电子媒介的合作，所属报社和电视台的新闻采编团队可以相互共享新闻资源，这是最早出现在传媒行业中的媒介融合的情境（Colon，2000）。当然，这种场景和目前我们经历的媒体融合有着很大的差异，但这些媒体融合历史上的"雏形"可以为后人所借鉴，可以使我们从历史的视角加深对媒体融合的认知和把握，媒体融合也正是从最初的这些历史场景逐渐走到了今天。上述案例中新闻采集和生产团队的资源共享，也正是今日报纸编辑部中传统媒体与新兴媒体资源共享、优势互补的一种历史映照。媒体融合的倡导者，堪萨斯大学新闻传播学院的教授詹姆斯·甘特里（James Gentry）认为媒体融合就是一种能力，一种能够通过现有媒介平台甚至未来出现的新媒介平台进行信息传播、内容营销的能力（章于炎，2018）。南加州大学的拉里·普赖尔（Larry Pryor）教授提出了伴随媒体融合出现的另一个概念——融合新闻。他认为融合新闻是发生在编辑部中的，记者、编辑身处编辑部，为报纸、电视、广播、网络等媒介平台源源不断输出新闻产品，这种运作的周期一般为一周 7 天、每天 24 小时不间断（Quinn & Filak，2005）。此外，美国著名媒体融合的研究专家亨利·詹金斯（Henry Jenkins）认为，媒体融合不仅需要从技术的角度进行研究，还应从产业、文化和社会变迁等外部因素进行分析和认知。媒体融合跨越了多种媒介平台，加强了媒介产业之间的合作与互动（Jenkins，2006）。

以上是来自学界的各种关乎媒体融合的学术观点，除了学者的研究之外，众多来自业界的新闻从业者，从日常业务操作中管中窥豹，提出了对媒体融合认知的各种见解或观点。与本书研究关系最为密切的学术观点来自澳大利亚的约翰·豪尔（John Haole），他是《奥兰多前哨报》的一名新闻编辑。他从组织文化的角度认知媒体融合，认为媒体融合应该侧重并关注媒体融合背后的组织文化的变迁。另一位来自传媒行业的研究者——英国《曼彻斯特晚报》主编保罗·霍洛克斯（Paul Horrocks），他认为受众对媒体融合的需求已开始出现，受众正在积极地、通过不同方式和渠道获取新闻信息。从满足受众对新闻信息需求的角度来说，媒体融合之路也势在必行。马来西亚星空出版集团主编迈克尔·艾瑞亚（Michael Aeria）则认为，正是由于媒体融合的出现，他的出版集团收获了许多与受众互动以及接触的机会，媒体融合是新闻行业革命性的一场演进，并且世界上任何一个国家都正在进行着媒体融合（Quinn & Filak，2005）。

二、国内学者关于媒体融合的研究探索

自2008年起，国内来自学界和业界关于媒体融合研究的声音愈发高涨，研究视野和角度也呈现多元化的特点。有部分学者认为，媒体融合是媒介发展的一种过程和趋势，但它并不是最终的结果和目的；还有的学者认为媒体融合是新兴媒体替代传统媒体的一种战略选择，但从目前的发展态势来看，新兴媒体和传统媒体仍处在水乳交融的状态中，新兴媒体还无法完全取代传统媒体的地位，但不排除未来在数字传播技术革新的基础上，新兴媒体最终会取代传统媒体；还有一部分学者认为媒体融合是繁荣我国传媒事业的必经之路和有效途径。无论以上哪种观点，我们在吸收的过程中都应辩证地分析，才能较为客观、准确、全面地审视和把握媒体融合及其未来的发展进程。

蔡雯教授是国内学者中较早涉猎媒体融合相关研究的学者，长期深耕于应用新闻学、新闻媒介等方向的研究。2006年她率先在其著作中引入了融合媒介（convergence media）的概念，随后又引入了融合新闻（convergence journalism）的概念。自2005年起，蔡雯教授发表了一系列与媒体融合、融合新闻相关的学术论文，并出版专著《媒体融合与融合新闻》。高度聚焦媒体组织重构、资源重整和流程再造的探索过程，并在研究中列举国外多个有代表性的案例。蔡雯教授指出，不同国家在进行媒体融合的过程中，采取的

路径有所不同。这是缘于媒体自身的基础条件和发展环境的差异。不同的路径就意味着新闻业务变革的思路和方法也同样存在差异。我国学者在研究媒体融合之时，大都将研究视野集中在数字技术的层面。蔡雯教授认为：媒介融合是在数字技术与网络传播的推动下，各类型媒介通过新介质真正实现的汇聚和融合（蔡雯，2006）。来自清华大学新闻与传播学院的熊澄宇教授也是我国涉猎媒体融合研究较早的学者之一。他在其著作《信息社会4.0：中国社会建构新对策》中，提出媒体融合实际上就是所有媒介向数字化和电子化的方向汇聚，这种趋势背后的驱动力就是网络技术的迅猛发展（熊澄宇，2002）。黄建友在研究中提出了对媒体融合内涵的理解，他认为媒体融合需要以数字技术为基础，是各种不同介质、不同媒介形式的聚合，所有权合并、组织结构上的融合以及媒介之间的战略合作等，都只是媒体融合的表象（黄建友，2009）。我国学者对于媒体融合的研究，大部分都是从技术的视角切入的。这也充分说明了媒体融合序幕的拉开，与数字传播技术、网络技术的诞生是紧密联系在一起的。还有部分学者提出，想要更加全面、准确地把握媒体融合的走向，后续研究中需要从信息生产和信息接受整个传播的过程上，做更深入的探索。

近年来，关于媒体融合研究的学术著作也层出不穷，除了上文提到蔡雯教授所著的《媒体融合与融合新闻》之外，郜书锴在《数字未来：媒介融合与报业发展》一书中，从理论和实践两个层面进行解析，探寻了媒体融合背景下报业在未来可能面对的困境和机遇。郜书锴在著作中提到媒体融合的平衡发展需要建立在完善的媒介体制之上。媒体融合已经成为数字传播时代的现实和方向，在未来的传播生态中，媒体融合的发展方向是任何媒介制度都必须首先面对的现实问题（郜书锴，2013）。杨溟在其所著的《媒介融合导论》一书中提到，媒体融合的时代，更多的协作化生产将应运而生，这得益于协作化生产能够有效地交换资源、提高生产的效率。协作是实现共享、达到共赢目的的一种有效途径，正是在这样的博弈过程中，媒体融合也逐渐找到了自身的平衡点（杨溟，2013）。李鹏在其著作《媒聚变：媒介融合背景下报纸转型研究》中指出，新技术、新途径的出现为传统媒体的发展带来了新的机遇和挑战。传媒变革是全球媒体行业共同面临的问题，这种一体化发展的趋势最终是走向融合而非分裂。在多种媒介形式并驾齐驱的过程中，谁能掌握全媒体生产和运营的主动权、主导权，谁就能成为全媒体的核心（李鹏，2012）。

　　通过对国内外研究的梳理，我们大致可以总结出国内外学者关于媒体融合的研究议题较为丰富，研究视角也呈现多元化的特点，尤其是对媒体融合进程中传媒行业的发展，进行了多维度的思考和建构，这也为后续的研究提供了宝贵的学术资源。立足我国的国情，我们应该认真审视处在转型期的中国新闻业，把研究重点放在我国本土媒体融合、融合新闻的实践进程中，研究传统媒体尤其是纸质媒体的嬗变，从传统媒体演变的过程中反观我国媒体融合模式的价值标准、思维方式以及生产模式和运作机制等（麦尚文，2012）。

第二章 报纸编辑部组织结构转型路径的梳理

第一节 报纸编辑部的含义及相关研究

本书主要围绕中国报纸编辑部组织结构转型这一问题展开，研究对象即我国报社的内容生产部门——报纸编辑部。笔者将在本章对本书中的关键词"报纸编辑部""组织结构"进行界定，并对二者的相关研究进行梳理，最后从整体上概括国内外报纸编辑部组织结构转型的主要路径。

一、报纸编辑部的含义

在对报纸编辑部的含义进行阐述之前，首先有必要对新闻编辑部进行简要概括。无论是纸质媒体、电视、广播还是网络媒体的编辑部，它们都可以统称为新闻编辑部。我们一般将传媒集团内部负责新闻内容生产的专业组织称为新闻编辑部，这是新闻媒体的核心组成部分。通常，新闻编辑部由若干专业部门组成，比如总编室、经济部、科教部、国际部、摄影部等。在新闻编辑部的组织架构中，总编辑是新闻编辑部中的最高领导者，其下设有编辑、采访等新闻业务的总负责人和主要决策人，编委会是编辑部的最高领导机构。作为新闻编辑部的最高领导者，总编辑的具体职责是：制定编辑方针，审定报道方案，指挥实施编辑方针和报道方案，审定重要稿件和版面，组织和协调各部门之间的工作。

我们将新闻编辑部的概念进一步缩小到纸质媒体内部，报纸编辑部是专门负责报纸编辑出版的组织结构，它在报纸生产系统中处于核心位置。报社内部的分工合作是以一定的组织形式沿袭下来的，由报纸编辑部负责具体的出版工作，其核心地位主要体现在以下几个方面：首先，报纸编辑部是生产系统的设计和决策中心；其次，报纸编辑部是生产系统的指挥和调度中心；再次，它还是新闻产品采集、加工、制作、输出的生产中心；最后，报纸编辑部是生产和销售两大系统相互联系的重要枢纽。在我国计划经济时期，报纸编辑部的地位尤为重要，其既要负责报纸内容的策划、编排，甚至还要负责报纸的发行和经营。在部分报社中，广告部、发行部都是编辑部下辖的二级部门。此后，随着时代和社会的发展，负责内容生产的部门和负责发行经营的部门逐渐形成各自独立的部门体系。但在新闻编辑部中，人们愈发重视对新闻编辑工作流程的管理。总编辑与编委会通过"编前会""采前会"等常规性工作会议，将新闻编辑部下辖各部门、各岗位之间的协调合作予以落实。

上文提到了在行业发展的过程中，新闻编辑部更加重视对日常工作流程的管理，这是由于新闻编辑工作是媒介产品生产中最重要的组成部分。以报纸为例，循着报纸编辑部的具体工作流程，首先，需要确定新闻产品整体的编辑方针，这是新闻产品生产的宏观层面。以制定的编辑方针为依据设计编排方案，包括版面的内部结构、形象风格、各版头条及专栏等。其次，在新闻产品生产的中观层面，各专业编辑部的负责人或者版面主编需要根据以上的总体方针和设计规划进一步在新闻报道上作出详细的策划方案，包括对报道选题的确定、报道范围与报道重点的设计、拟订发稿计划、设计新闻报道的报道方式与表现形式等。最后，进入产品设计的微观业务操作阶段，主要包括分析和筛选新闻稿件，其间需要经历粗筛、细筛、精筛的过程，还需要修改新闻稿件、制作精良标题、编排美化版面以及整体校对，等等。无论是涉及报纸生产宏观的决策与设计，还是具体到每一个版面的编稿组版，报纸编辑部的职责尤为重要。

二、报纸编辑部及其转型的相关研究

在绪论中笔者已经提到，媒体融合的发展引发了传媒行业内部不同程度的震荡，从另一个侧面激发了传统媒体自动自发地转型和变革。从传媒集团内部来说，新闻编辑部作为内容生产的核心部门，其体会尤为深刻。基于本章对报纸编辑部组织结构转型路径的梳理，有必要对国内外学者围绕新闻编辑部转型或重构的学术研究入手，进行详尽的梳理。总体上来看，国内外学者在新闻编辑部转型、编辑部重构等相关主题的研究数量并不是很多，与上一章梳理的媒体融合的相关研究相比有较大差距。由于国外的传媒行业较我国更早接触媒体融合以及编辑部重构等实践操作，本节仍然先梳理国外学者的相关研究。

国外学者关于新闻编辑部及其转型的研究中，研究路径大致集中在以下三个方向。第一，选取较有代表性的新闻编辑部转型的案例，即个案研究。主要通过对新闻编辑部从业人员进行焦点访谈、深度访谈等，或对选择的研究对象进行长期的田野调查，旨在厘清媒体融合背景下新闻编辑部转型的特征以及在这一过程中存在的主要问题。第二，研究者通过梳理有代表性的案例，后续研究由点及面向外延伸，引发更深层次问题的思考和探究。一些学者将美国坦帕新闻中心（Tampa's News Center）的融合改造作为个案进行研究，因为坦帕新闻中心是美国新闻界公认进行媒介融合试验较为成功的典范，经过长期追踪观察之后，学者们发表了一篇定性研究的学术论文。还有部分学者对新闻编辑部运用观察法进行研究，长期追踪新闻编辑部在日常运营、采编流程、组织架构等层面产生的变化，并将这种变化前后进行比对，以此分析影响新闻编辑部变化的多重因素。第三，将视野集中在新闻编辑部中的"人"，对新闻编辑部中的新闻工作者进行研究。沃尔特·V. 罗宾逊（Walter V. Robinson）在东北大学（Northeastern University）执教期间，就曾分析了新闻编辑部中记者的生存现状、记者的向性，并就媒体融合的背景下，背包记者的重要性和必要性，以及媒体融合对全能型记者提出更高要求等问题进行过深入论述。西方学者关于新闻编辑部的研究中有一个非常突出的观点，即新闻编辑部在媒体融合的时代，会由过去传统的新闻传播管理转向一种知识层面的管理。斯蒂芬·奎恩（Stephen Quinn）在其著作《融合新闻报道》中指出，新闻编辑部要发展成为一个智慧型的编辑部，从这个角度来说，知识管理对未来新闻编辑部的转型思路具有重要的启示意义。他认为在媒体融合的背景下，记者、编辑的职能已逐渐发生重大变化，记者和编辑的工作已经不单单是信息的采集，而是在信息海洋中筛选出有新闻价值的、符合媒体报道方针的新闻事实，并对筛选出的信息进行二次加工和编辑，从而诞生新闻产品。值得一提的是，在此过程中需要将生产出来的新闻产品转化为知识，这就意味着，在媒体融合背景下，记者和编辑的工作将会逐渐和知识生产与管理产生交集（斯蒂芬·奎恩，2015）。

国外学者关于媒体融合背景下新闻编辑部的研究，对于国内学者在相关问题上的研究具有一定的借鉴意义。首先，是基于个案研究的新闻编辑部在融合进程中的经验及存在的问题。国外学者通过选取有代表性的新闻编辑部为研究对象，将研究聚焦在具体的新闻编辑部融合进程中，这类主题的研究占比较大。从个案入手深入剖析，有助于研究者发现新闻编辑部在不同层面存在的各种问题，并由现象到本质，形成一定的理论成果。在国外的相关研究中，研究者发现传统媒体在改革中遇到的挑战更多地出现在媒体机构的运作层面，构建结构和空间在新闻编辑部的转型中有着举足轻重的地位。部分学者从新制度主义的角度出发，认为新闻组织的改革会受到"强联系网络"和"弱联系网络"两种力量对峙的影响，因而有可能导致转型缺乏一定的弹性。其次，在个案研究的基础上继续探索这类新闻编辑部的基本特性，旨在总结出具有一定参考价值的编辑部转型策略。还有部分学者运用扎根理论，将新闻编辑部的创新活动理解为一个组织结构和个体能动性互动的结果。最后，还有一部分研究可以归结为引申研究。这类研究的共性是聚焦于新闻编辑部生产的新闻内容以及搭建的平台，从而形成新一轮以网络媒体为基础的新兴交流的研究。

与国外学者相比较，国内学者大都将研究的目光停留在编辑部的内容生产、流程再造等问题上，对编辑部及其组织结构转型的研究成果相对较少。但值得一提的是，已经有部分学者将研究视点聚焦在编辑部或者是传媒集团组织重构的主题上，在研究中提出了关于编辑部或者传媒集团组织结构改革的设想、思路等。在众多国内的研究者中，中国人民大学蔡雯教授长期以来深耕于应用新闻学、新闻媒介等方向的研究，她也是我国较早涉猎媒体融合相关研究的学者。在《媒介融合带来新闻编辑部角色变化——从新闻采编到知识管理》一文中，蔡雯教授提出了关于我国报纸编辑部转型、重构的想法。在文中她描述了媒体融合背景下报纸编辑部中产生的一系列微妙的变化，并指出，整合新闻和信息资源，能够进一步提升新闻产品的价值，通过不断裂变和聚合最终将形成新的内容产品，由此更好地为受众所服务（蔡雯，2007）。蔡雯教授在《新闻编辑学》一书中，对报纸编辑部有更为详细的阐述。蔡雯教授专用一章分析了当前编辑工作与媒介形态的变化，以及在媒体融合进程中报纸编辑部产生的变化。她以《华尔街日报》改版为例，剖析了西方媒体在报纸编辑部重构上进行的一些有益的尝试。在《新闻编辑学》中她进一步提出，我国新闻媒体在媒体融合的进程中，也对报纸编辑部的机制尝试了不同的改革路径，主要有以下几种路径：第一，跨媒体临时性报道组织的搭建；第二，跨媒体报道的虚拟组织的组建；第三，对报纸编辑部组织结构进行局部性的重构；第四，媒介组织整体性的变革（蔡雯，2010）。

除了蔡雯教授一系列的探索以外，国内对报纸编辑部重构的研究中，也不乏一些具有代表性的成果。王春枝在《整合与改造：欧美报纸编辑部的融合路径》一文中提出西方国家的报纸编辑部都正在以媒体融合为目标进行改革，并总结归纳了较为突出的融合路径，旨在为我国报纸编辑部的转型提供一定的借鉴和参考价值（王春枝，2009）。朱松林在《融合新闻编辑部管理：国外经验及启示》一文中，提出我国传媒管理者应该准确把握当下媒体融合的整体趋势，并辩证地剖析和总结国外报纸编辑部转型较为成功的案例（朱松林，2008）。以上两位学者的研究都是以国外报纸编辑部转型的案例为镜，认为在经验借鉴和运用上需结合我国国情、本土传媒行业转型的具体情况，要准确地把握媒体融合在我国的演进趋势和特点。但这与我们研究以及探索的视野并不矛盾，互联网等新兴媒体对传统媒体的冲击和挑战是全球范围内都存在的共性问题，因此要立足于全球范围内的媒介演进趋势进行预判和探索。学者袁志坚在《媒介融合趋势下的报业编辑部重构》一文中，提出重构报纸编辑部对中国报业整体发展趋势的重要性。报纸编辑部可以尝试从内容建设、产品营销、经营管理以及战略决策等层面逐一实现报业数字化的战略转型，以适应当下的传播格局（袁志坚，2008）。

国内学者对报纸编辑部转型的研究以2010年为界限，大致分为两个阶段：①2010年以前的研究，将互联网视为信息发布的工具或渠道，即"+互联网"阶段；②2010年之后的研究，随着互联网媒体的迅速扩张，互联网应成为报纸编辑部转型的一种创新思维和逻辑，即"互联网+"阶段。这两种概念是有着很大的区别的，虽然都包含了"互联网"这三个字，但是含义不同。"+互联网"中，加号前面的部分是主体，是企业的核心内容，互联网大多数的时候处于一种辅助性的地位；但在"互联网+"中，互联网承担着载体的作用，承担着解决行业核心痛点的作用，加号后面的部分是切入口。

更进一步说，"互联网+"的关注点是整个切入行业存在的痛点和问题，基于痛点，利用互联网这个载体的优势进行资源的整合。在这两个主要的研究阶段中，笔者也总结了几个较为突出的研究范畴：第一，对国外新闻编辑部转型的理念和实践尝试的有益探索。比如说有学者梳理总结了全球编辑部未来发展的九大趋势（张宸，2015），世界各国的报纸都在进行以融合为目标的编辑部变革，其主要改革思路可以归纳为整合和改造两种路径（王春枝，2009）。这些思路对我国传媒管理者在实践中应对媒体融合带来的挑战提供了有价值的经验和参考，并在未来的融合之路中着力打造融合发展性编辑部（辜晓进，2017；张晓菲，2015）。媒体融合带来了新闻编辑部角色的变化，其从新闻采编逐渐转变为知识管理，并在持续优化的过程中加强对现有记者、编辑的媒体融合思维的培养，以及围绕这种思维积极开展技能培训（陶文静，2015）。此外，组织文化由于其"持久性"的特征，会从某种程度上产生变革道路上的障碍，组织内部必须通过积极的沟通协商来降低焦虑（余志华，2015）。第二，聚焦于对报纸编辑部组织结构的演变历程及特点的梳理。我国报纸编辑部的组织结构先后历经跨媒体临时性报道组织、虚拟跨媒体报道组织、局部重构编辑组织结构、搭建全媒体新闻中心以及中央厨房式编辑部等模式（窦丰昌，2015；刘征，2015）。部分学者运用民族志的研究方法，选取广州日报编辑部为研究对象，这也成为我国的个案分析中较有代表性的案例。随着研究的不断深入，学者进一步指出媒体内部的组织结构经过重新配置，可以有效避开常见的改变阻力（徐锋，2008）。第三，部分学者提出对报纸编辑部组织结构转型的建议或思路。这些转型举措本质上都是在坚持以内容为王为核心，坚守生产部门的主导地位。从这一前提下尝试增设新的部门，例如新媒体业务部等，将报纸编辑部转型为通讯社形式的生产管理部门（卞清和赵金昳，2015）。但是报业组织还没有过多地赋予新增业务部门战略性的统筹、整合地位（尹连根和刘晓燕，2013），从组织变革角度而言，以内生性的新闻协调部门或新媒体部门为支点驱动整个报业组织流程重组、资源重新布局存在协调难度（柳剑能，2013）。另外，部分学者指出，报纸编辑部创新的动力源于不确定性，技术和编辑部的结构因素共同影响着新闻生产的创新实践，报纸编辑部自身的创新既体现出路径依赖，也仍然存在着多重可能（唐绪军等，2014；王辰瑶和喻贤璐，2016；张梓轩和赵化，2017）。

第二节 组织结构的含义及相关研究

一、组织结构的含义

上述章节中对报纸编辑部的含义就本书研究的范围进行了界定，本书围绕报纸编辑部组织结构转型这一核心问题展开，因此有必要对组织结构的含义进行阐释。组织结构，又称组织架构，是管理学中的重要概念。其本质是为了实现企业战略目标而进行的分工与协作的安排，组织结构的设计要受到内外部环境、发展战略、生命周期、技术特征、组织规模人员素质等因素的影响，并且在不同的环境、时期和使命下有不同的组织结构模式。简言之，一个企业的组织结构如果能够助力其实现企业制订的战略目标，增强对外竞争力并大幅提高运营效率，那么它就是目前与该企业相匹配的组织结构。

具体来说，组织结构又可以从以下三个层面进行深入理解：第一，组织结构是一个企业或是组织有序开展日常工作的重要保障，是实现一个企业或组织既定目标的载体；第二，在进行组织结构设计的时候，要全面、充分地考虑组织内部成员之间分工协作的问题；第三，组织结构的核心内容是组织的责权结构，要明确在一个企业或组织架构中，各部门以及个人应当承担的责任及权益。因此，结合研究主题，本书将组织结构的概念界定如下：组织结构是组织成员进行分工协作，在职、责、权等方面形成的结构体系，以此实现组织目标。组织结构必须随着组织既定的战略进行调整，在设计组织结构时要考虑几个核心要素：工作专门化、部门化、命令链、控制跨度、集权与分权以及正规化（毛文静和唐丽颖，2012）。

2014年，中央全面深化改革领导小组第四次会议审议通过了《关于推动传统媒体和新兴媒体融合发展的指导意见》。媒体融合的发展引起了新闻信源结构和新闻传播主体的巨大变化，作为承载新闻内容生产的核心部门——编辑部及其组织结构也受到了影响。原有的组织结构已经不能适应新的传播格局的发展，对媒体单位未来的转型产生了一定程度上的阻碍。因此，在媒体融合的进程中，各类新闻媒体开始从组织结构和流程改造上作出调整和改变，不断优化现有的组织结构，使其能够与媒体既定的战略相匹配。2006年，美国最大的报业集团甘奈特集团宣布旗下所有机构都设立"信息中心",这一新的组织机构中包括了数字部、本地新闻部、内容定制部等7个部门,全面取代已有的编辑部组织结构。2015年建立的"中央厨房",就是人民日报社根据自身的条件,统合新闻资源和新闻生产的新机制,创立的一种全新的新闻生产组织结构。由此可以看出,传媒的组织结构在某种程度上与企业的组织结构类似,著名管理学家亨利·明茨伯格(Henry Mintzberg)在其多年的研究中,认为组织结构的优化设计,其根本目的是用以保证组织中不同部门的行为以达到协调,也就是提供组织控制。组织结构从总体来说有狭义和广义之分,狭义的组织结构就是组织内部的各个构成要素以及各个要素之间关系;广义的组织结构在狭义的组织结构定义的基础上还延伸出组织与组织之间的关系。每个组织的要素是不相同的,世界上不可能有组织结构完全相同的两个组织。但组织结构之间一定有相似和相通之处,找到一些帮助描绘组织特征的变量就可以进一步理解和分析不同组织结构之间各自的特点(林泉,2012)。因此,本书借用管理学中组织结构设计等理论,也是从另一个视角反观我国传媒组织结构,尤其是报纸编辑部的组织结构的发展现状以及存在的主要问题,以期从组织结构的转型切入,探索传统媒体和新兴媒体在内容、渠道、平台以及管理等方面的深度融合,打造更具竞争力的新型主流媒体,形成多样、融合发展的现代传播体系。

二、组织结构的相关研究

与组织结构相关的学术研究大多数集中在管理学的学科领域范畴,在新闻学与传播学的范畴下结合组织结构设计理论进行研究的成果相对较少。从国内外的相关研究来看,大部分学者将研究领域集中在几种常见的组织结构的演变过程,比如传统的直线型组织结构、事业部制组织结构、矩阵式组织结构等,以及近年来组织结构随着企业外部环境和内部环境的变化,而生发出的一些新型组织结构,例如非正式组织结构、扁平化组织结构、网络型组织结构以及半自治式组织结构等。部分学者立足于此类研究的基础,借鉴些许复杂性科学的理论,提出了复杂适应性组织的重构思路。总体来说,国外学者对组织结构的范式大致有三:基于封闭系统模型的理性范式的科层制的组织结构、基于开放系统理论范式及演化理论范式的结构权变模式、基于开放系统模型的自然结构范式。采用的技术路线主要包括以下四种：理论归纳、案例实证、量表调查研究以及内容分析（楼园和韩福荣，2011）。

我国学者在涉猎组织结构领域的相关研究时，较少采用实证的研究方法对组织结构进行研究，这一点与国外学者略有区别。从大多数成果的研究内容分析，研究者只是提出了一些概念性的主张，比如提升企业的竞争力，需要根据战略部署及时调整组织结构，实现公司再造，建立能够适应外部环境的组织架构。还有部分学者将研究聚焦在组织理论的探讨上，把有关组织理论的研究按照时间逻辑进行梳理，大致分为：古典组织理论、近代组织理论和现代组织理论。还有部分学者将组织结构的研究从内容上进行划分，大致包括组织内部职能、组织体制以及组织决策等层面的研究。笔者在梳理我国学者关于新闻编辑部组织结构的相关研究中发现，由于受制于学科背景和理论的支撑，鲜有学者直接研究编辑部组织结构转型这一主题，大部分研究集中在关于编辑部流程再造以及对国外较为成功的编辑部改造案例的描述上，整体上存在一定的局限性：第一，研究者注重媒体的经济组织属性，研究总体上向组织管理学的范式倾斜，学界和业界的研究分野并不十分明显；第二，从梳理最新网络传播技术、中外媒体的实验性转型举措，为传统媒体的整体融合转型提出策略等方面来看，大多研究仅停留在描述层面。未来的研究重点应将组织结构的相关理论与传媒转型的现实路径紧密结合，清晰梳理当下我国传媒转型实践中的新现象、新问题，以探索媒体组织结构的变化规律为研究目标，突破现有的研究框架，为我国报纸编辑部在媒体融合背景下的转型之路提供新的理论支持（邢以群和张大亮，2007）。

第三节 国内外报纸编辑部组织结构转型的主要路径

一、国外报纸编辑部组织结构转型的主要路径

通过上述文献的梳理，我们可以了解到报社的组织结构会依据报社或者传媒集团的规模大小而有所差异。尤其在整体规模较小的报社中，个别部门在职能上有所重合。在国外早期规模较小的报社中，许多编辑部门都没有形

成较为正规的组织结构，但是发行人在报社中的地位举足轻重。发行人在早期的报社组织中既承担了报社所有者的角色，也充当了记者和编辑的角色。从发行人的角度来看，和媒体融合下对全能型记者的要求是较为接近的（莱特尔等，2010）。发行人作为一家报社的管理者和负责人，其首要任务是负责报纸编辑部日常的运行工作。随着时代的发展，国外的报社组织内部开始出现微妙的变化，发行人不再身兼数职。对于日常新闻生产工作的管理职责就落到了报纸编辑部中，总编辑则是编辑部的最高领导者。总编辑通常会将日常的工作任务分配给下属各个副总编辑，副总编辑又可以直接领导本地新闻专版和体育、娱乐、商业等其他专刊的编辑工作。所有当地的新闻报道都会由本地新闻专版的记者、编辑共同完成。除了本地新闻专版外，体育、娱乐、商业等其他专刊部的记者、编辑也须各自承担自己的新闻版面。副总编辑也对他们直接负责，且不同新闻版面的记者、编辑之间可以互相配合，部门之间可以相互协作，交换新闻资源（莱特尔等，2010）。

近观美国报业整体的数字化进程，其大致从产业、内容以及组织结构等层面进行了不同程度的数字化探索，尤其在组织结构的层面上，成效显著。坦帕新闻中心的建立在全球范围属于较为成功的案例，它的组建标志着美国报业组织结构数字化转型迈出了重要的一步。坦帕新闻中心是美国新闻界公认的进行媒体融合试验较为成功的案例，它也成为其他国家学界和业界研究、学习的典范。坦帕新闻中心是美国媒介综合集团在佛罗里达州坦帕市建立起来的，旗下有三家各自独立的媒体机构，分别是《坦帕论坛报》、Tampa Bay Online 网站以及 WFLA-TV 电视台。虽然这三家机构各自为营，拥有独立的办公地点、运作机制以及员工，但不管其中哪一家媒体机构召开编前会或是编辑会议，其余两家机构都会有总编辑、副总编辑以及编辑参与其中。其这样做的目的是更加有效地协调报纸、电视台以及网络这三个不同媒体平台的受众兴趣点，并及时进行新闻信息交换和资源共享。坦帕新闻中心的建立对融合新闻的生产报道、资源增值、增强核心竞争力具有重要意义（宋宣谕，2013）。

从整理来看，西方媒体机构在进行编辑部重构的路径大致相同。第一，办公室实体结构及办公资源的整合。编辑部的改造首先从办公室实体结构的变化开始，将原有的框架结构打破，形成开放式的空间结构，所有成员都在一个空间场域内进行工作，从实体结构上打破原有的束缚和壁垒。例如英国的《每日电讯报》（*The Daily Telegraph*）就将原有的新闻生产部门的格局进行改造，将多媒体设备、多种发布平台集中在同一空间中，员工们都在一个开放式的空间结构中进行新闻的策划、生产等工作。这种空间结构被形象地称为"中央辐射型"办公室，位于最中央位置的办公桌是各部门核心领导的工作区域，各部门的工作人员以这个中央位置为圆心，呈辐射状依次排开。纵向排开的直线为一个编辑部门，负责自己的所属新闻版块，同一弧线上的工作人员分管内容生产、版面设计等。这种"中央辐射型"的办公结构相较以往的空间结构，在员工信息沟通的速度和工作效率上有明显的提升。在后续的一段时间内，它成为西方其他国家新闻编辑部实体结构改造效仿的重要案例。此外，除了实体结构的改造之外，办公软件、设施等配套的更新也是编辑部改造的重要组成部分。

第二，业务流程的整合。此改革路径的实施目的是打破过去金字塔式的发稿程序，赋予记者、编辑更大的发稿权，节约新闻生产的时间成本，提高工作效率。英国《金融时报》（*Financial Times*）早在2006年就启动了对该报编辑业务流程的整合，主要采取对采编资源重新配置并提出"新闻滚动成稿"的新型工作流程。此流程是在新闻事件发生的第一时间，就将其核实编辑后上传到网站上，并随时跟进该事件的发生进展，随着事件的进展不断更新和补充实时信息，保证新闻的时效性并提升媒体报道"正在发生的新闻事件"的能力。

第三，新闻产品的整合。美国甘奈特集团是最早提出"编辑部融合"理论并付诸实际行动的。同样在2006年，该集团旗下所有新闻编辑部更名为"信息中心"，并将过去的部门设置改为了七个功能部：数字部、公共服务部、社区对话部、本地新闻部、内容制定部、数据部以及多媒体内容制作部。这项改革举措在原有基础上突出了本地新闻和信息的优先权，并且增加了受众提供新闻内容的比重，从另一个角度提升了受众在新闻生产中的地位，发挥了受众的能动性，并在互动中发挥了受众重要的舆论监督作用，形成了7天24小时全时段新闻生产方式（邓建国，2007）。

第四，人力资源的整合。美国《华盛顿邮报》（*The Washington Post*）对人力资源的整合也是报纸编辑部组织结构重构的重要路径之一。该报于

2009 年宣布进行机构重组，重组方案涉及内容生产和编辑制作两方面。在内容生产的改革上，该报打破原有组织框架，重新设置国内部和本地部两个部门；在编辑制作的优化上，成立了全新的编辑部，将过去分散在报纸编辑部和网络编辑部以及各个子部门集中在统一的操作编辑平台上，比如版面排版、文本格式、编辑校对等。该报的这一举措强化了记者、编辑跨部门跨平台的工作能力，将新闻从业者的工作技能最大限度地激发出来。同时也从人力资源的层面促进了报网在新闻采编业务上的整合（王春枝，2009）。

二、国内报纸编辑部组织结构转型的主要路径

与西方国家报纸编辑部的改造相比，我国报纸编辑部的转型目前大致呈现四种模式：报网互动、报网一体、滚动新闻报道中心打造以及全媒体平台构建。

第一，报网互动。报网互动是我国报纸编辑部转型最初呈现出的形态模式，其实质就是报纸和网站作为两个独立的媒介系统在新闻采编、制作、发布等流程上相互联系和作用。报网互动在我国报业转型中经历了从简单到复杂的发展历程，在报业转型的不同时期、不同阶段也呈现出了不同的模式。主要包括技术应用型、内容复制型、联动报道型、版块合作型及战略合作型。其中，战略合作型是报网互动最复杂的模式之一。

第二，报网一体。经历报网互动后，报纸编辑部和网络编辑部开始打通部门之间的壁垒，逐渐形成全新的"报网一体"新型编辑部。报网一体的核心理念在于"报即是网，网即是报"，这种"你中有我，我中有你"的模式突破了纸质媒体和网络媒体之间的界限，新闻产品的生产进一步与传播载体相分离，载体的使用完全服从于内容，该模式对更好地实现信息的优化传播发挥了重要作用。

第三，滚动新闻报道中心打造。报纸和网络最大的区别在于网络可以实现 24 小时连续不间断报道，但报纸一般来说是一天为一个周期。所谓滚动新闻报道就是每周 7 天、每天 24 小时不间断进行新闻报道。广州日报是我国首创滚动新闻报道中心的媒体机构。2007 年，广州日报成立了滚动新闻部，旨在打造全国范围内具有广泛影响力的跨媒介平台。滚动新闻部隶属于广州日

报编辑部，在当时的运转下需要借助集团所属的大洋网来实现新闻的滚动播报。滚动新闻部成立之后，广州日报的许多报道都成为经典且成功的新闻报道范本。例如滚动新闻部对广东九江大桥坍塌事故的报道，使得广州日报成为全国第一家网上发布消息、率先进行 24 小时滚动报道的媒体；此外，在 2008 年南方雪灾的新闻报道中，滚动新闻部不间断播报广州春运和各地抗灾的最新进展，在全国率先推出了《春运特别报道》，受众反响强烈，产生了较为突出的传播效果。滚动新闻部的成立是报业数字化转型的一种积累和过渡，这种模式对于加速报业数字化转型具有积极意义。

第四，全媒体平台构建。2008 年，烟台日报传媒集团组建了"全媒体新闻中心"，来自该集团下辖的日报、晨报和晚报的记者，均可为"全媒体新闻中心"工作。该新闻中心由总编室、采访部和数据信息部组成，除此以外，还特别设立了一个虚拟的组织机构——"YMG[①]特别工场"。这个虚拟机构主要针对突发新闻事件和重大新闻事件设置，一旦有突发和重大新闻事件发生，集团迅速从各个部门抽调工作人员到"YMG 特别工场"进行临时的新闻报道，事毕即散。"全媒体新闻中心"改变了原有报社内部的组织结构，并形成了全新的业务流程，且该模式不同于滚动新闻部，因为它并不是一种媒体机构发展过程中过渡性的模式。值得一提的是，2008 年 8 月，烟台日报传媒集团针对"全媒体新闻中心"创建的"全媒体数字采编发布系统"通过了国家新闻出版总署的专家验收，这无疑是报业数字化转型征途上又一重要的里程碑事件（蔡雯，2012a）。

近年来，人民日报社积极投身媒体融合实践，从体制、机制上不断改革，不断推动媒体融合的深度发展，全力打造"中央厨房"的全媒体平台。"中央厨房"的建成调整了原有的采编流程，进一步优化了资源配置，统筹了采编力量，大幅度提升了传播效果，壮大了人民日报的整体影响力。首先，"中央厨房"是传统媒体与新兴媒体深度融合的"龙头工程"，打造"中央厨房"的先决条件是充分认识其本质以及功能定位的问题。在融媒体的采编发网络系统中，"中央厨房"既是硬件基础和技术平台，也是大脑和神经中枢，具备集中指挥、采编调度、高效协调、信息沟通等基本功能。其中，指挥调度

[①] YMG 为 Yantai Media Group 的简称。

中心和采编发联动平台是"中央厨房"的核心部分,其运转必须有利于实现媒体机构管理上的扁平化、功能上的集成化以及新闻产品的全媒化。其次,"中央厨房"的建立需重点考虑硬件、软件的配置问题。"中央厨房"需要建立一个高度集中的工作平台,以保障采访、编辑、技术各部门实现集中办公,开展媒体机构的常态化工作。在此基础上,还需要建设全媒体内容管理系统,加强稿库、资料库建设,汇集各种稿件、节目素材、新闻背景资料,集成各种编辑软件工具,为记者、编辑获取新闻线索、查阅背景资料、创作多媒体稿件等提供技术支撑。此外,"中央厨房"还需要建立起一个传播效果监测反馈系统,实时对新闻稿件、传播效果进行准确评估,发现舆情热点和新闻选题,从而有针对性地调整传播内容和传播策略。最后,"中央厨房"应该如何运用,这涉及其日常运行机制的问题。打造"中央厨房"硬、软件设施只是改革优化的一部分,更重要的是形成一套全新的运行机制,才能保障该优化路径得以落地实施。建立全新的运行机制,需要按照"中央厨房"的功能定位,设立总编协调制度、部门沟通制度、岗位值班制度、采前策划制度、线索通报制度以及效果反馈制度等。这样做的目的在于通过一系列制度的实施,确保"中央厨房"与采编发网络紧密结合、无缝对接。由于"中央厨房"前期建设投入较大、技术要求较高,倘若每家媒体都单独研发一个技术系统,很容易造成资源浪费。鉴于此,我国的传媒集团可考虑建立起媒体技术合作的共享机制,将较为成熟的技术系统进行推广。

在全媒体平台的构建下,也逐渐形成了全媒体新闻生产的新模式。相对而言,媒体融合、融合新闻等更加侧重新闻报道以何种方式呈现,而全媒体新闻生产侧重新闻生产和发布端口的多元化。全媒体新闻包含了"生产"和"采编"两层含义,"生产"的概念较之"采编"更加广义,它包括"采编"但又不限于"采编"。这其中除了新闻内容的生产以外,还包括经营性的生产,既包括报纸编辑部的内容生产活动,也包括新闻组织与外部组织及个人的互动关系。总的来说,全媒体新闻生产的诞生是媒体融合发展的必然结果,也是媒体融合一个有机的组成部分(窦锋昌,2018)。

第三章　媒体融合对报纸编辑部及其组织结构的影响

第一节　媒体融合进程下的报业转型

人类传播的历史证明，任何一种新兴媒介的产生都不会将原有的媒介完全取而代之。即使走到今天，基于数字技术的网络新媒体的出现，仍然不能也不会将传统媒体彻底剔除。报业转型需要传统媒体和新媒体之间相互融合、相互依存，形成"你中有我、我中有你"的传播态势。放眼中国大多数报纸媒体，针对转型采取的策略或路径大致相同。

第一，报网联动。报业数字化发展初期，报纸融入网络最直接的方式就是纸质媒体电子化。纸质媒体电子化的实质就是将报纸新闻不经过二次编辑或再加工，原封不动照搬进网络平台中，这就是报纸网络化最早呈现的方式和手段。随后，各大纸媒开始相继创办自己所属的新闻网站。由于信息传播平台的更新，广大受众产生了耳目一新的感觉。报纸网站相较早期的纸质媒体电子化，有着更加突出的优势，它有着海量的信息，可以提供立体的阅读体验和多种感官的刺激。另外，报纸网站还能够将因为受版面、时间等限制而不能在纸质报纸上刊登或者完整呈现的信息等，都在网站上一一呈现。虽然报纸网站的建立呈现出多样化的传播特点，但在报纸媒介和网络媒介相互合作的过程中，二者最大限度地实现了优势互补，依托技术上的创新、资源上的融合，二者的活跃度都有所提高。从提升报纸的影响力和品牌的价值的角度来说，报网互动不失为一种双赢路径。

第二，平台拓展。受众是信息传播的起点也是归宿，在对报业转型的探索中，受众的地位始终不可忽视。当受众的身份开始向"用户"转变之时，这一群体对信息的需求呈现出更加个性化、多元化和专业化的趋向。受众不再被动地接受或者选择新闻内容、传播渠道，而是更加积极地融入信息传播的洪流中,主动选择高质量的信息内容、多元化的传播平台等。这种来自受众的变化,使得针对媒体用户个性化需求的新闻产品与信息服务越来越受到重视。迫切要求报纸媒体能够为"用户"量身定制优质信息、提供更多选择的多元化传播平台。于是报纸媒体在转型的过程中,不断开辟新的"土壤",比如官方微博、官方微信公众号、客户端等,即常说的"两微一端"。这些传播平台的搭建,满足了受众转变为用户亟须满足的两个要求。首先是"发声",通过以上平台,受众可以成为信息的传播者、发布者,能够随时随地发布所见所闻,这一点为报媒获取新闻信息提供了广泛来源。新闻信源结构与新闻传播主体发生了巨大的变化,从专业媒体占主导地位的传播格局逐渐转向专业新闻媒体与其他机构媒体及个人媒体共同创造新闻内容(蔡雯,2010)。其次是"互动",受众热衷于对某些热点事件、焦点事件发表自身的观点和看法,受众乐于在网络平台与奋战在新闻一线的记者、编辑就某一新闻事件展开双向互动。这种良性的互动无论是对受众专业素养的提升,还是对专业媒体人更加全面地了解受众的喜好、增加用户黏性、获取更多有价值的新闻线索、提供更有针对性和更有深度的新闻报道来说都是非常有益的。

第三,融合新闻生产流程再造。数字技术的快速发展使得媒介之间原本清晰的界限逐渐消失,新闻媒体的组织结构与工作流程随着媒体融合的发展不断做出调整和改变。当不同的媒介形态集中在同一个信息操作平台上,它们可以发挥各自优势并互为补充。对新闻信息进行分类加工并有针对性地向目标群体传播,从这个角度来说,这样的新闻生产方式具备了立体、个性和互动的特点,也就是融合新闻的生产方式。这种新兴的生产方式最为显著的优势在于,报纸报道"正在发生的新闻"的能力正在稳步提升。我国许多报业集团先后采用各种形式对新闻生产、流程再造进行变革。例如解放日报报业集团开发了全媒体多通道数字出版系统,该系统延伸了报纸内容的"供应链",成功拓展了报纸的形态和功能边界;宁波日报报业集团打造的全媒体数字报业技术平台,能够实现媒介产品多介质、多层次、多频次的生产和销售;广州日报将"编辑部前移"的运行模式,在2008年奥运会期间充分体现出其优势和价值所在。广州日报将报纸、网络视频以及手机报的编辑制作流程全部迁移至北京,所有的新闻生产和报道均在北京进行,缩短了新闻报道的时空距离（吕尚彬和陈薇，2011）。此外，在融合新闻生产流程再造的过程中，澎湃新闻的媒体融合在业界的转型实践中同样作出了有益的尝试和探索。2017年1月1日起，《东方早报》休刊，原有的新闻报道、舆论引导功能，全部转移至澎湃新闻网。在生产流程再造的过程中，澎湃新闻建立了一套全新的生产机制，不仅大幅度提高了工作效率，还激发了内容生产的活力。首先，新闻讲究时效性。澎湃新闻实行24小时工作制，新闻稿件优先在客户端进行发布，后续消息随时进行更新补充。这种24小时运转的工作团队，不仅保证了新媒体客户端的新闻第一时间得以发布，同时也促进了纸媒端的时效性，可谓一举两得。澎湃新闻建立的24小时运营生产机制，采取了弹性化的、非科层制的结构管理模式，团队整体的工作效率显著提高。除此之外，生产流程的再造还包括组织内部内审机制的重新建立。记者团队的稿件属于共享的信息资源，既可以用于新媒体客户端，也可以为纸媒所采用。因此，在进行编辑审核的过程中，要经过澎湃新闻内部非常严格的三审流程。一篇新闻稿件需要经过团队组长、分新闻中心主编以及澎湃新闻值班主编的三道严格的审核关卡（陈昌凤，2015），这种内审机制的建立，也更好地强化了专业媒体把关人的身份，确保新闻来源可靠、新闻信息真实准确。上述诸多成功案例的展示，再次印证了融合新闻生产流程再造，能够大幅度提升"正在发生的新闻"的报道能力，增加新闻报道的数量，提升内容质量。

第二节 信息技术的发展对报纸编辑部组织结构的影响

科技的发展催生了媒介的诞生，正是由于技术的发展，人类从单一的传播介质逐渐演进到如今的多种传播介质并存的态势。从媒介竞合、媒介整合到媒体融合，每一个阶段的演进和变化既是观念变迁的过程，也是传播技术的巨大影响。网络媒体的诞生也是依附于数字传播技术的创新和研发。透过技术层面，我们可以厘清媒体融合是如何随着技术的延伸不断推进的，这也是从另一个视角反观媒体融合的发展历程。网络技术给传统媒介带来的冲击和影响巨大且深远，传统媒体也逐渐意识到必须借助新媒介的力量弥补自身的短板。尤其在内容生产和资源整合等层面，通过网络数字传播技术使优势资源得到最大限度的开发。传统媒体借力数字传播技术实现其转型之路，主要体现在以下两个方面。首先，和传统媒体相比，网络媒体的发行渠道在内容承载上的优势更加明显。网络传播的运营成本和其传播区域的大小并无直接联系，这是由网络媒体自身的兼容性和传播的等距性决定的。因此，传统媒体可以借助互联网平台，拓展自身的发行传播渠道。其次，数字传播技术在内容生产上侧重于数字化采编、数字化发行、数字化存储以及数字化管理等。传统媒体的优势正是在于其内容的高质量，倘若借助数字传播技术，可在原有基础上大幅提升内容生产的能力，降低内容生产成本，同时在信息资源的整合与共享等方面有进一步的突破和提升。

由此可见，信息技术对报纸编辑部及其组织结构的影响是非常重大的。信息技术对融合新闻生产中学习型组织结构的转型思路也有着非常重要的启示作用。数字传播技术的产生导致了媒体融合进程的加速，促使报业积极变革转型。信息技术对于纸质媒体尤其是报纸媒体而言有着诸多积极的意义。首先，大幅度地提高了媒体从业者获取信息的能力；其次，提升了管理者对问题的分析和决策能力；再次，使报社及报纸编辑部的组织结构更加趋于扁平化；最后，降低报社的运营成本，促使报社及其编辑部的组织结构向着柔性化的方向发展（楼园和韩福荣，2011）。具体而言，信息技术对于报纸编辑部及其组织结构产生的影响主要有三个方面。

第一，信息技术在报纸编辑部中的应用导致较少的层级组织，有利于信息以更快的速度和更高的质量传递到报纸编辑部这一组织内部的各个角落。比如，在一个报纸编辑部内部运用办公自动化的系统，将广泛涉及文字处理系统、电子邮件系统、图形图像系统、语音信箱、语音会议或视像会议等各种不同的系统，且以上诸多系统皆作用于报纸编辑部的日常工作。一旦以上任何一种办公自动化的系统在报纸编辑部内部开始运行，势必会改变原有的内部组织结构模式。因为通过信息技术，报社可大幅度地减少原有层级，减少对办公室记者、编辑以及部分文案工作人员的需求量。与此同时，又大幅度提升了报纸编辑部组织内部在处理文字信息、数据信息以及存档等任务上的时间效率和工作质量。更为重要的是，信息技术还会同时提升报纸编辑部内部下辖各个部门之间相互沟通的能力，突破原有的壁垒和框架，极大地提升信息传播的速度，有效改善组织内部信息不对称等问题。

第二，信息技术在报业集团和报纸编辑部中的广泛应用，改变了报业集团以及报纸编辑部组织的决策能力，重构了决策手段和模式。在报业集团和报纸编辑部中，每一个层级所需获取的信息都在其各自职权范围内实现了信息共享和资源整合的最大化。对于一个部门的领导者和决策者而言，能否借助信息技术和平台的辅助在信息的汪洋大海中迅速获取准确的信息至关重要。从这一层面来看，信息技术的发展优化了报社内部、报纸编辑部各层级之间的沟通机制，从而搭建起更加畅通、良性的沟通桥梁。此外，中间管理层级人员将会大幅缩减，报社及报纸编辑部的组织结构更加趋向扁平化。

第三，信息技术对报纸编辑部及其组织结构的影响还在于能够使组织结构更加趋于柔性化。随着信息技术的发展，报纸编辑部内部各个职能部门之间相互依赖的特征也在悄然改变。一个组织内部的不同职位或是部门之间往往存在着一种依赖关系，这种依赖关系会随着信息技术的到来逐渐弱化。这是因为信息技术的发展使远距离的协同工作变成了现实，从而直接影响到原有组织内部的各个职能部门。这些职能部门之间存在的交互式和顺序式的依存关系逐渐转弱，最直接的影响就是降低了组织内部协调的成本。在媒体融合发展的进程中，信息技术能够在某种程度上使报纸编辑部的组织结构更加趋于柔性化（楼园和韩福荣，2011）。

第三节　媒体融合对新闻生产流程及从业者的影响

媒体融合的持续推进，逐渐改变了新闻传播的格局：首先，新闻信源结构与新闻传播主体发生了巨大的变化，从专业媒体组织占主导地位开始逐渐转向专业媒体与其他机构媒体或是个人媒体共同创造新闻内容；其次，新闻媒体的组织结构与工作流程随着媒体融合的发展不断进行调整；最后，针对媒体用户个性化需求的新闻产品与信息服务在未来的媒体融合进程中越发受到重视（蔡雯，2010）。本书主要围绕媒体融合背景下报纸编辑部及其组织结构转型这一核心问题展开，因此本小节将重点阐述媒体融合对新闻生产流程及从业者产生的重大影响。

一、媒体融合对新闻生产流程的影响

媒体融合自诞生之日起,其每一步的发展变革都会直接影响到新闻的生产流程,而基于媒体融合背景所诞生的融合新闻生产流程,具有与传统媒体新闻生产流程所不同的优势。报纸、广播及电视等传统媒体的新闻生产流程大致如下:首先,报纸编辑部会挑选一批骨干力量,包含记者、编辑,组成一支采编队伍,负责对新闻稿件进行采、写、编、评、摄、录、导、播等各项工作;其次,以往的传统媒体(报纸)通过卖给受众新闻商品以获取利润,但其主要的利润并不是来自受众,而是来自广告商,广告商将广告投放到报纸上,从而产生利润。在传统媒体新闻生产流程中所生产的新闻产品是一次性的新闻产品,这与媒体融合中的融合新闻生产流程相比有着较大差异,因为融合新闻生产流程中所生产出的新闻产品可以进行二次甚至多次加工。这是一种经过无数次添加、转换、变形和再利用的复杂的生产和消费过程。更为重要的是,融合新闻生产流程下的新闻产品是可以储存起来作为信息资源不断地进行开发与整合的。融合媒体生产流程较传统媒体下的新闻流程而言,最大的优势在于可以更加灵活、准确地反映出融合新闻的生产需求(邵鹏,2013)。

在上述章节的论述中,笔者多次提到坦帕新闻中心,融合媒体生产流程最有代表性的案例就是来自坦帕新闻中心建立的融合媒体编辑室。在全世界范围内,与坦帕新闻中心融合媒体编辑室相类似的还有很多案例。这些融合媒体编辑室都是由原来传统的新闻编辑部转向了融合新闻编辑中心,新闻生产流程的变革也成了编辑部转型中极其重要的一环。这一类型的融合新闻编辑中心在生产流程和运行模式上大致相同。首先,新闻线索直接通过各种渠道和途径进入融合新闻编辑中心,在获取了相关的新闻线索后采编中心会集中召开会议,并分配各项具体的采编任务到下属的各个部门。随后,各版面的记者在获取相关新闻素材后通过编辑进入各种不同的媒介平台对内容进行加工、制作。在不同媒介平台上生产出的新闻产品通过各自适合的媒介形式和渠道传输给目标受众。这些新闻产品在经过第一次传播后还可进行二次加工或者多次加工,再次生成新闻产品,进行二次传播甚至多次传播,以上就是融合媒体新闻生产大致的流程(邵鹏,2013)。

无论是融合媒体编辑部,还是融合媒体采编中心,其本质都是进行新闻内容生产的第一站，是报纸内容生产的核心地带。在西方国家，融合媒体编辑部是整个报业集团的"大脑"，基于各种不同介质的数字传播技术的传输平台犹如"神经"和"血管"。融合媒体编辑部中集合了多种不同的介质，包括报纸、电视、网络等。每一个不同的介质都发挥各自的媒介优势，生产出适合各自平台输出的新闻产品，来满足受众日益增长的个性化的需求和体验。媒体融合的发展诞生了新型的融合媒体编辑部，为了更加顺应媒体融合发展的前景和趋势，融合媒体编辑部要具备以下功能来保障媒体融合的持续发展：在获取新闻信息的同时要对新闻信息的价值进行判断和筛选；根据所获取的新闻信息的特点制定相对应的报道方式和策略；在记者进行新闻采访时保证各项媒介资源能够灵活地整合和配置；各个不同介质的平台之间形成相互协作的局面；编辑从记者手中获取新闻素材进行加工制作，形成个性化的新闻产品向用户进行推送和传播（邵鹏，2013）。以西方媒体融合编辑部为例，其下辖各职能部门的分工也非常详尽。一般情况下，大部分的媒体融合编辑部会将编辑分为协调管理型编辑和内容生产制作编辑两种。其中协调管理型编辑又包括三种类型：新闻流程编辑、资源管理编辑以及故事生成编辑。新闻流程编辑的主要职责就是宏观地管理编辑部内的信息流通，资源管理编辑则主要负责编辑部内部的档案、资料、数据的搜集和整合的工作，故事生成编辑主要负责管理同一个主题下各种媒介的信息流动工作。通过以上三种不同类型的编辑的具体工作，最终将所有整合的信息汇聚到内容生产制作编辑手中，内容生产制作编辑对集大成的信息进行加工、制作，生成适应不同媒介平台传播的个性化新闻产品（邵鹏，2013）。

二、媒体融合对新闻从业者的影响

媒体行业属于文化创意产业的范畴，因此"人"是关键因素。在传统媒体的黄金发展时期，媒体行业吸纳了大量的传媒人才。随着媒体融合的持续推进，新闻生产主体依然是核心因素，直接决定新闻内容生产的数量和质量，也直接影响着媒体机构的竞争力（窦锋昌，2018）。蔡雯教授在诸多研究成果中，多次提到媒体融合对从业者能力变迁的影响问题，并指出这是我们在研究媒体融合的过程中不容忽视的。本书中提到的新闻从业者不能狭义地理解为从事新闻工作的记者或是编辑,其内涵具有更加广义的范畴。除了从事新闻工作的专业记者、编辑以外,还包括传媒集团中的高层次管理人才以及尚在高校学习的未来有可能从事新闻传播行业的学生。全媒传播需要全媒人才,媒体核心的优势就是人才优势。要把全媒人才培养摆在突出位置,采取切实有力举措,加快打造一支数量充足、素质过硬的全媒化集团军。本小节将从全能型记者、高层次传媒管理人才以及高校新闻传播人才三个层面展开论述。

(一)媒体融合与全能型记者

上述章节中提到的关于融合新闻的生产模式想要在个体层面实现突破,就需要从"全能型记者"的身上加以体现。大多数情况下,我们将能够熟练掌握多种媒介技能的记者称为"超级记者"(super reporter)或者是"背包记者"(backpack)。他们除了具备传统的记者必须具备的文字采编技能以外,还要能够同时承担图片、音频、视频等报道任务。全能型记者的培养,从某种程度上来说,能够降低新闻产品生产的成本,增强新闻报道的及时性,这也是推进媒体融合的重要路径之一(蔡雯,2012b)。近几年,随着媒体融合的持续推进,新媒体时期专业从业者的能力与传统媒体时期相比,产生了巨大的差异。在传统媒体时代,记者、编辑等新闻从业者都有着各自非常明晰的工作职责,例如记者负责采访、写稿,编辑负责编辑、排版。媒体融合催生了融合新闻,融合新闻在个体层面的实现就是通过全能型记者体现的。全能型记者就是掌握了多种媒介技能的"超级记者""背包记者"。媒体融合的出现就是将新旧媒介交织、融合在一起,新闻从业者尤其是记者必须从原来的角色中迅速转型,成为一名集采、编、拍、摄、录、导等多种技能于一身的全能型人才。这类全能型人才,在转型前大都具备某一种专属的媒介技能,技能相对单一化。例如报纸的记者所具备的专属能力就是采访,电视台的记者所具备的技能就是拍照片或是录像,等等。

媒体融合和融合新闻的出现,迫使新闻从业者除了掌握原本的技能之外,还必须掌握其他媒介技能,着力推动现有人员的融合转型。目前,在日常工作中,能够熟练使用"十八般兵器"的全媒人才屈指可数,还不能完全满足融合发展的需要。还需要通过专题培训、实战演练、业务研讨、观摩交流等方式,重点引导现有人员向全媒记者、全媒编辑、全媒管理人才转型,使其在观念和技能方面有重大的转变和提升。要打通传统媒体和新媒体人才使用通道,推动名记者、名编辑、名评论员、名主持人到新媒体平台上去施展拳脚,开办原创栏目,培育品牌公众号,使之成为传播正能量的"网络红人"。需要强调的是,我们应该辩证地看待和认知全能型记者。对于新闻从业者而言,这既有积极的作用,但同时也会产生较为负面的影响。培养"一专多能"的新闻人才固然是非常好的,因为这与融合新闻生产、全媒体报纸编辑部对于工作者的要求高度契合。上述章节中提到的滚动新闻部、全媒体新闻中心,这类新闻生产的平台都要求必须7天24小时不间断传播新闻信息。对于这种高时效的要求,唯有全能型记者才能大显身手。全能型记者配备了数码相机、摄像机、录音笔和笔记本等多种专业工具于一身,并通过这些工具生产出时效性强、内容准确的新闻信息。全能型记者由于其"全能",大幅度提高了新闻从业者对媒介技能掌握的熟练程度,并且从某种程度上改善了许多新闻从业者消极怠慢的工作情绪。与此同时,我们还需辩证地看待全能型记者也存在很大的短板。全能型记者的工作压力非常大。一个人要完成过去3~4个人才能完成的任务,还要兼顾新闻的有效性和及时性。长此以往,就会出现一大批记者、编辑在沉重的工作任务中无法释放内心的压力,从而造成不良的心理状态,无法保质保量地完成工作任务。新闻稿件质量欠佳、新闻从业人员对待工作的热情也会大幅度降低。甚至有一部分人,为了完成工作任务,无视职业道德和操守,制作假新闻企图蒙混过关,等等,这些也都是新闻从业者在转型中存在的较为突出的问题。

(二)媒体融合与高层次传媒管理人才

媒体融合背景下,大多数报社机构纷纷走上了传媒集团化的转型之路。在大型的传媒集团中,迫切需要新型的管理人才——在传媒集团中进行整合传播策划的高层次管理人才,这类管理人才不同于以往传统媒体机构中的管理者。媒体融合背景下的高层次传媒管理人才必须精通各类媒体,熟悉各类媒体的特性和运营方式,深知运用不同的媒介形态制造适合不同媒体平台传播的新闻产品。这类高层次的传媒管理人才往往具备三个特点:懂新闻、懂技术、懂管理(蔡雯,2012a)。这类高层次管理人才并不是直接从高校培养出来的，而是必须有丰富的工作经历和实战经验，经历过媒体行业竞争的大风大浪，具有多种媒体的工作经历，并懂得传媒集团的运作和管理。目前，这类人才大都需要在业界寻觅，当然也有一小部分来自高校的知名学者，长期致力于传媒集团管理、运营、转型等方面的研究，与业界的交往也非常密切。但后者的实战经验与前者相比肯定稍显不足。

在培养和挖掘高层次传媒管理人才之外，还应着力完善人才激励机制。推动媒体深度融合，要探索建立与之相适应的激励约束机制，进一步完善用人体制、优化人才环境。要研究设计更加科学合理的考核评价体系、职级晋升制度、薪酬分配办法，吸引凝聚全媒体内容生产、技术研发、经营管理等方面急需的高端人才。在当前情况下，传统媒体和新媒体深度融合以后，用人体制、人员身份不同的问题将更加凸显，要深入研究、妥善解决，逐步实现同岗同责、同工同酬，提升从业人员的事业心和归属感。

（三）媒体融合与高校新闻传播人才

既然媒体融合和融合新闻的发展对新闻从业者提出了新的要求和期望，那么对于新闻人才的培养也应该作出相应的调整。根据行业发展所需，对高校新闻人才的培养方案也需进行同步优化和调整。我国的新闻院校应该结合媒体融合的发展趋势，培养出一批具有新闻专业主义精神的新型传播人才。高等院校尤其是新闻院校应该从专业设置、课程改革、师资队伍三方面入手，打造全新的培养新型新闻传播人才的平台和摇篮。目前，大部分高校的新闻院系基本都开设了新媒体课程，但这些课程的设置与融合发展实践的路径结合得还不够紧密。无论是专业设置、课程安排还是具体到教材编写等各个环节，都要准确把握并适应媒体深度融合的需要，为新闻战线源源不断地培养输送全媒人才。要善于利用部校共建新闻学院，进一步优化卓越新闻传播人才教育培养计划，打造一批高校人才培养基地等。要促进高校新闻院系与新闻单位的对接交流，强化对媒体融合的前瞻研究、趋势分析、实践总结，为推进深度融合提供学理支持。

培养具有全媒体业务技能的新闻人才，可以通过专业课程设置这一主要路径进行改革创新。调整专业课程的设置，让学生除了学习传统媒体下的基础核心课程，比如新闻采访、新闻写作、新闻编辑、新闻评论等课程以外，还应该开设与数字网络传播技术相关的课程,比如网络新闻编辑、数字媒体技术应用、新媒体管理等。将传统课程和新开设的课程相结合,并在此基础上准确把握媒体融合的发展动态和未来走向,形成一套全新的专业培养方案。通过制定严谨科学的课程体系,不断培养全媒体业务技能的综合性新闻专业人才。除了使学生在学校里认真攻读和学习以上专业课程外,高等院校还应该同业界紧密联系,为新闻专业方向的学生提供更多优质的实习机会和平台。让高校中新闻专业领域的学生,能够将课堂上学到的专业知识和理论熟练地运用于实际业务操作中,做到"勤练手",防止出现"纸上谈兵"的现象。

第四章 中国报纸编辑部组织结构转型的动因和现状

第一节 中国报纸编辑部组织结构转型的动因

放眼全球，媒体融合的发展对于传媒集团尤其是内容生产的核心部门——新闻编辑部的影响无疑是巨大的。上述章节已经提到企业的改革与其组织结构的调整密不可分，组织结构的本质是为了实现企业战略目标而进行的分工与协作的安排，其设计要受到内外部环境、发展战略、生命周期、技术特征、组织规模人员素质等因素的影响，并且在不同的环境、时期和使命下有不同的模式。首先，要想实现企业制订的战略目标，增加对外竞争力，提高运营效率，就必须寻找适合于目前企业发展的组织结构。将管理学的理论借用到传媒转型的思路上。报纸编辑部作为一个独立的组织，其组织结构的转型是其他变革的首要条件和基础，只有先从组织结构上进行突破、变革，才能从根本上实现报纸编辑部的重构。其次，从报业组织整体而言，组织结构是一个组织有效实施既定战略的有力保障，报纸编辑部组织结构的转型对于报业整体转型的稳步推进也会起到至关重要的作用。我们可以从以下三个维度简要概括报纸编辑部组织结构转型的原因：第一，媒体融合改变了内容生产的工作流程，报纸编辑部的组织结构也会随之进行调整，这是报纸编辑部组织结构转型的必然性；第二，来自新媒体的冲击使传媒外部环境发生变化，这些变化会影响报纸编辑部原本角色和功能上的变化，这是报纸编辑部组织结构转型的可能性；第三，无论是西方国家还是中国的传媒集团，它们都已经开始不同程度地探索报纸编辑部的重构之路，其中也不乏一些较为成功的案例，这些都是报纸编辑部组织结构转型的现实性。

本章将在此基础上，更加细致、全面地阐述影响中国报纸编辑部组织结构转型的动因。由于政治、经济、文化等因素的差异，相较于西方国家的报纸编辑部组织结构的转型，我国报纸编辑部组织结构转型的动因与国外报纸编辑部组织结构转型的动因并不完全相同。报纸编辑部组织结构转型受到来自不同层面的各种因素的影响，笔者主要从以下六个方面进行梳理。其中前两个原因是从报纸编辑部的外部环境进行分析的，后续四个原因是从报纸编辑部的内部环境，即报纸编辑部自身来阐释的。

一、建立与报业转型整体战略相匹配的组织结构

互联网技术和数字技术对传统媒体的冲击始终存在，我国报业为了应对新媒体的竞争制定了一系列的战略举措：中国报业要沿着主流化、市场化、数字化和国际化的战略进行转型。这场发生在传统媒体和新媒体之间的竞争归根结底还是由于技术的进步而产生的，因此，报业数字化转型具有非常重要的战略指导意义。经过这些年的持续推进，我国报业转型取得了可喜的进展，尤其是报业新闻生产、接触终端的改造已初见成效。但报业转型仅停留在这个层面上是远远不够的，必须尽快探索出适合未来报业持续转型变革的产业模式以及盈利模式等。在报业转型的进程中，一些较为突出的问题逐渐浮出水面，如报社组织结构转型的滞后、盈利模式较为模糊、融合形态的新闻生产进入还未全面突破等。此外，报业政策、传媒法规、技术标准、版权管理等方面仍存在不同程度的壁垒（吕尚彬和陈薇，2011）。在以上梳理的各类问题中，报业组织结构转型滞后是需要重点关注和亟待解决的问题。原因在于，一个企业的战略需要一个与之相匹配的组织结构才能顺利地实施，一个有效的组织结构可以保证资源按照组织战略的需要得到充分的利用。

报业实施数字化战略转型，根本上还是要在新媒体的强烈冲击下力挽狂澜，借势新媒体，将传统媒体尤其是纸质媒体的特点及优势在新的平台上得以发挥，实现功能价值最大化。不论是新媒体还是传统媒体，无论数字传播技术怎样发展，内容生产仍旧是媒体核心竞争力最重要的因素，这一点始终不曾改变。报纸编辑部作为内容生产的核心部门，只有优先在组织结构上进行积极调整和优化，才能最大限度地实现报业转型的实施，这也是顺利推进报业变革的重要保障。报业组织结构在未来的媒体融合趋势下将继续朝着扁平化、大跨度横向一体化的方向发展。此外，编辑部组织结构的调整对于报

业的组织结构、传媒集团的组织结构而言,具有一定的兼容性。以点带面,由编辑部组织结构转型切入,逐渐探索并构建出更加适合目前报业、传媒集团转型的组织结构,其目的正是保证数字化转型战略能够落地开花,持续、稳步、有效地长足发展。因此,从这一点来说,建立与之匹配的组织结构作为坚实的后盾和基础,是报纸编辑部组织结构转型的重要动因之一。

二、报纸编辑部体制改革的政策引导

2012年,国家新闻出版总署制定了《关于报刊编辑部体制改革的实施办法》(简称《办法》),对经新闻出版总署批准从事报刊出版活动、获得国内统一连续出版物号,但不具有独立法人资格的报刊编辑部体制改革作出部署。随即,中国新闻出版网、《新闻出版报》、新华网等各大媒体进行全文转发并引发了业界和学界的广泛反响。《办法》实施的根本目的在于进一步推进我国出版业朝着数字化、企业化的方向发展。在实施细则中明确指出了报刊编辑部的体制改革必须按照中央有关文件部署进行相关的调整和改革。报刊业结构的调整、报业的发展逐步走向集约化经营的方向,为稳步推进报业战略转型打下坚实基础。

报刊业要与网络化的现代传播媒介相结合,加快改革和转型的力度及步伐,建立健全报刊的准入和推出机制。通过改革、解放和发展报刊生产力,破解报刊业"小、散、滥"的结构性弊端,实现报刊业转型和升级,推动报刊业又好又快发展,增强报刊出版传播能力。此外,《办法》还鼓励和支持党报党刊出版单位和大型新闻出版传媒集团对报刊编辑部进行整合,鼓励和支持以党报党刊的子报子刊、实力雄厚的行业性报刊出版企业为龙头,对报刊编辑部进行优化整合,在现有基础上形成大型综合性或专业性报刊出版传媒集团。这是国家层面针对报刊编辑部的体制改革所制定的政策,也是国家对于报纸编辑部转型、培育大型传媒集团以及报业数字化转型等,在政策上给予的大力支持。报纸编辑部体制改革的相关政策,对我国报纸编辑部进行转型指明了清晰的方向,提供了正确的舆论引导。在报纸编辑部组织结构转型的过程中,要秉持相关国家政策进行调整和变革,按照《办法》对报纸编辑部体制进行有序地改革,为推进报纸编辑部转型、培育大型的传媒集团以及我国报业数字化转型打下夯实基础。

三、来自媒体结构性融合阶段的迫切需求

一个企业组织制定的目标、计划及战略的实施与其组织结构是密不可分的，组织结构是一个组织有效运作的重要保障。我国报业转型的发展实施，倘若没有在一个相对完善的报业组织内运行，再好的战略也只能是纸上谈兵。优化我国报业现有的组织结构，有助于传统媒体与新媒体更好地融合。一个与报业集团发展相匹配的组织结构，能够实现报业组织管理绩效的最大化，并为报业组织源源不断的创新动力提供有力保障，使报业能够平稳地实现主流化、市场化、数字化及国际化的转型战略。新媒体正以全新的开放性、互动性和平民性等显著特点改变着传播方式和媒介图景。面对新媒体的冲击，传统媒体在生存策略上，优先选择了媒体融合之路，通过融合实现共存、互补和创新。媒体融合的发展从整体上看，至少需要经历四个层次：第一，媒体战术性融合，传统媒体和新兴媒体在内容与营销方面进行互动与合作；第二，新媒介技术与旧媒介技术联合起来形成新的传播手段，甚至是全新的媒介形态；第三，媒体融合在技术层面表现为媒体组织结构性融合，随着媒体科技的融合以及媒体所有权的合并，传媒从业人员的工作职责和媒体的组织结构也会随之变化；第四，媒介大汇流，随着媒体融合的持续推进以及传媒科技的迅速发展，未来数字化将成为各个媒体平台共存的形式，打造全新的集多媒介形式于一体的数字媒体平台（吕尚彬，2009）。本书的研究正是基于媒体整合的第三层次的整合——组织结构性融合展开的。媒体融合赋予传播渠道和信息载体多样化，媒体整合已经进入了媒体组织结构性融合的阶段。在这样的传媒变革环境中，报纸编辑部的组织结构及其角色和功能势必产生变化。

媒体融合的结构性融合迫切要求报纸编辑部在组织结构层面进行转型和调整，结构性融合的新闻采集与分配方式有关，往往是一个团队同时向不同的媒介形态提供不同类型的媒介产品。一个典型的媒介结构性融合案例就是来自《奥兰多前哨报》（*Orlando Sentinel*）与时代华纳有线电视台合作开设的一个 24 小时本地新闻频道，这是一个由报纸媒介和电视媒介共同组建的

本地新闻频道。这个新组建的部门分别从各自的队伍中挑选出一批工作人员，组建了一支多媒体编辑队伍。在这个多媒体编辑队伍中，大部分的新闻工作者都有广播专业的学习背景，他们在两个编辑部之间协调工作。主要工作内容就是将文字记者所提供的新闻要素加工、制作、转换成为电视新闻产品进行传播。报纸编辑部组织结构的转型和调整与媒介的结构性融合能够相互作用。报纸编辑部通过对组织结构的优化和调整，能够在很大程度上改善和优化新闻产品。搜集的新闻要素和资讯通过不同的媒介功能进行加工和生产，可以再次生成适合不同媒介平台传播的新闻产品。这样的优化方式使报纸和电视台同时扩大了市场，且二者都节约了新闻生产的成本，实现效益最大化，相较原有单一媒介形态的传播力和影响力而言，也有了明显提升（邵鹏，2013）。

四、内容建设仍是报业组织转型的关键因素

在传统媒体转型升级的过程中，我们必须把握的一个关键点是如何认知和理解传统纸媒的核心价值。我们不难发现，拥有采访权、公信力、内容生产能力、新闻传播力以及专业的采编队伍等是传统媒体的巨大优势。即便进入了互联网时代，这个优势依旧存在且仍有价值。在互联网浪潮的席卷下，人人都可以拥有麦克风，但是自媒体与传统媒体最大的区别，正是在于专业的媒体从业者具备更加专业的新闻传播理念、更加专业的操作方式。这些在内容生产领域里属于稀缺资源，也恰恰是传统媒体的核心竞争力。因此，内容建设仍旧是传统媒体尤其是报纸媒体成功蜕变的关键因素。这一场传媒行业的变革是由互联网技术、数字技术引发的。技术对于所有媒体而言都是共同面对的，大家都有平等运用技术的权利。因此，报业转型应该把重点放在传统媒体，尤其是报纸媒体如何运用不断进步的互联网和数字技术，更好地为报纸的内容建设服务，如何更好地向受众提供及时性、多样化、个性化以及差异化的新闻产品，以此满足受众日益提高的信息需求，这才是报业当下应该认真考量并解决的问题。编辑部是报纸内容生产和建设的核心部门，未来的传统媒体是多媒体形态集合的综合体，各种形态的媒介产品在数字平台上形成信息的聚合。新的内容生产中心彻底改变了原有单一的按照报纸职能

分工的组织结构，转型后的编辑部应该朝着开放式格局、信息共享和无边界的融合型编辑部转型。传统的封闭式的组织结构已经无法适应数字产品的生产与流通，搭建一个融合新闻生产的编辑部组织结构是满足报纸内容建设以及报业转型的必要条件（刘琴，2010）。

南方都市报在我国报业转型的大流中，结合自身实际，制定实施了一系列较为成功的改革举措，其中确立以内容建设为主要改革方向的报纸编辑部组织结构转型的思路就是该报重要的转型路径之一。笔者在采访南方都市报的过程中了解到，南方都市报当时正在从建立中央控制台的项目着手，逐步推进报纸编辑部及组织结构的优化改革。中央控制台类似于西方国家报纸机构中的超级媒体编辑部。对于南方都市报来说，这是一个指挥部的概念，这个超级媒体编辑部涵盖了信息区、集成区、发布区、监控区以及指挥区，进而从内容产品的角度打破介质，进行跨媒介新闻产品的生产，南方都市报的记者和编辑纷纷面临"全媒体化"的转型。记者和编辑不再局限于现有的传统工作流程，记者不但要给传统的报纸媒介供稿，还要给其他的新媒介包括网站、微信公众号等移动媒介提供稿件；编辑也不再只是对新闻稿件进行简单的编辑和整合，还要对进入数据库的储备素材进程分类加工，为后续新闻内容的二次生产甚至多次生产进行素材积累。这些具体改革举措的推进主要是针对部分记者和编辑的思想还未彻底转变而实施的。由于媒体内部的转型不是一蹴而就的，需要循序渐进，因此部分记者、编辑在转型初期仍然非常依赖传统的报纸媒介，这也是大部分传统媒体在变革中遇到的共性问题。此外，南方都市报期待在全媒体、跨媒介联动的方向上再上一个新台阶，尝试和电视台、广播电台建立新的合作模式。在与电视媒介的合作过程中，来自报纸媒介的记者和来自电视台的记者组成采访团队，共同制作电视节目。这种合作对于提高记者的业务水平有着非常积极的作用，报媒记者不仅可以提高根据不同的传播平台来生产新闻稿件的能力，还可以在与电视台记者合作的过程中学习视频、音频等新的业务技能。对于南方都市报而言，来自报媒的记者可以在第一时间根据采访到的内容为南方都市报的报纸、网站、微信公众号等提供实时的新闻稿件。这是南方都市报在内容建设上一种共赢的举措。

笔者在采访中还了解到，南方都市报将继续加强服务类、资讯类的新闻产品的传播力度，致力于提升新闻产品的质量。要进一步增强服务社会、服务大众的传播理念。在我国，对于许多同南方都市报有着类似媒体定位和发展路径的报纸媒体来说，在后续的转型中，应该思考如何继续创造和挖掘自身的商业潜力和商业价值。报业组织的转型一定要优先从市场和受众的角度进行考量，不能只是从行政的角度上予以微调。南方都市报在报纸内容建设上的一系列开拓性举措，无疑对报纸的内容创新、内容多元化、内容差异化产生了巨大的推动力，报纸媒介在与新媒介的竞合中不断运用新的数字传播技术和网络技术丰富新闻产品的开发，并以此开拓传播的渠道和平台，实现品牌更进一步的推广，对于整体的报业转型同样起到了积极的助推作用，是南方都市报成功转型的一剂良药。由此看来，内容建设仍旧是报业发展的关键因素，报纸编辑部组织结构的转型迫在眉睫。

五、数字传播技术在内容生产领域的开拓

信息是传播的基本要素，而信息的承载者是数据。数字化就是基于技术上的支撑，通过网络化将信息呈现出来，最终达到全社会信息化的目标。经过数字化之后的数据对于信息传播有着非常重要的意义：首先，以数字信号的技术替代模拟信号的技术已被广泛运用，而且已经趋于成熟；其次，基于数字信息的特点使受众接受、选择信息的模式更加多样化，数字信息既可以直接被受众接受，也可以转化为模拟信息进行传播（鲍立泉，2013）。媒体融合的过程和最终走向就是要用数字信号技术代替模拟信号技术，并将数字技术推向人类生活的各个领域。科技是第一生产力，传统媒体的传播技术已经远不能满足数字时代信息传播的要求。各种新的传播技术不断催生，技术的革新诱发了传统报业走向数字化转型的自救之路。基于数字技术和网络技术的新媒体，它的出现打破了传统媒体在内容、渠道、终端等各个层面的原有形态，并产生极大影响。纵观传统媒体的发展历程，尤其是报纸媒体在技术革新的层面上一直处于较为被动的地位。新媒体的出现直接占领了技术革命的上风，传统媒体与其相比更加凸显了差距。因此，报业全媒体转型战略实质上就是报业组织将新的传播技术运用到报业的内容生产、传播渠道优化以及终端平台建设等各个领域，并与新媒介形成一种竞合的态势，最终走向传统媒体和新媒体的"大融合、大汇流"。

新的数字传播技术在报纸内容生产领域的不断突破，也迫切要求报纸编辑部从组织结构、生产流程、平台终端等各方面进行转型和重构。尤其是媒体融合发展的大趋势下，报纸编辑部在内容生产上亟须采用新的编辑集成系统，这种全新的编辑集成系统就是建立在对数字编辑技术、数字网络技术、数字存储技术以及数字表现技术等基础上的。传统的报纸编辑部的组织结构已不能和技术视野下的编辑部转型战略相匹配，只有从组织结构上进行彻底的重构和转型，根据现实变革的路径新建、合并或者重组某些部门，才能最大限度地调动记者、编辑等一线采编人员的能动性，并将新的数字传播技术更好地与新媒介进行融合，生产出适合不同平台终端输出的、针对用户个性化需求服务的优质内容产品。在众多数字传播技术中，与报纸编辑关系最紧密的就是数字编辑技术，数字编辑技术是在数字储存技术的基础上发展出来的，是媒体内容编辑突破的主要技术动力。从这个意义上来讲，这也是报纸编辑部组织结构转型来自技术层面的深层动因（鲍立泉，2013）。

笔者在上述章节中提到了南方都市报在报业转型中实施的一系列重要举措，为了能够彻底地对报纸编辑部的组织结构进行重构，首先就必须要从报纸的生产方式上进行革新，要运用新的数字编辑技术为内容生产保驾护航，南方都市报战略决策层正在逐步推进全媒体集成编辑系统的建设。这是由于过去应用在南方都市报报纸编辑部内的生产系统只能满足于报纸的内容生产。如今的传统媒体尤其是报纸媒体，其外部环境已经发生了剧烈的变化，新媒体的介入和拓展促使原有的生产系统不再受用。南方都市报搭建的全媒体集成编辑系统从2009年开始启动，该系统是与上海阿耳法信息技术有限公司共同合作的项目。全媒体集成编辑系统按照三期的研发阶段进行规划：项目一期主要是为了满足最基本的新闻生产，这个全新的编辑集成系统和过去的华光、方正的编辑系统存在很大区别。过去搜集的信息主要呈分散状态，没有建立起一个统一的数据库进行储备。在项目一期的建设中增加了信息入库的技术环节，打造一个新闻咨询的数据库。一期项目的建设能较好地满足报纸的生产编辑，从记者的角度来说有利于进行二次编辑并且可以对稿件进行深加工，大大提高了新闻素材的利用率。项目二期工程加入了营销系统的技术环节，对于行业性的产品进行整合，更利于南方都市报的品牌推广；项目三期的研发是最重要的，主要是搭建一个数据挖掘的系统平台。

当类似新技术下的报纸编辑集成系统在传媒机构内部运行一段时间后，会逐渐暴露出一些阻碍项目持续推进的突出问题。在这些问题中，必然会涉及报纸编辑部组织结构的优化问题。由于这种全媒体编辑集成平台的创建促使报纸内容生产在技术的支撑下拥有非常强大的功能，这些功能也许会替代从前以人力来进行工作的局面。因此，在报纸编辑部中也许原有的一些部门可以被撤销，或者合并两个或两个以上的部门，以此减少组织结构中的层级，使组织结构趋于扁平化。另外，与之相反的也存在一种可能性，由于全媒体编辑集成平台的运用，会产生出一些新的工作流程和任务，那么就需要在组织结构上增设一些部门来满足日常工作的需求。抑或是根据实际情况，从现有的一个部门中再划分出一个独立的部门实现组织结构上的调整。以数字编辑技术为基础的全媒体编辑集成系统的应用和推广，不但能够整合内容资源，建立强大的资讯数据库，而且改变了原有新闻生产的工作流程，进而引发报纸编辑部组织结构的转型。从这个层面来说，数字信号技术在内容生产领域的开拓，也是导致报纸编辑部组织结构转型的另一个非常重要的动因。

六、知识特性对报纸编辑部组织结构的影响

知识作为一种生产要素，在媒体融合和融合新闻的发展过程中，逐渐成为人类生产中一个至关重要的元素。知识是人类在实践中认识客观世界（包括人类自身）的成果，也可以被看成是构成人类智慧的最根本的因素。在大众传播媒介中，为我们所熟知的是信息的传播，信息和知识在某种程度上有相同之处，但信息和知识并不能完全等同，两者之间还是存在一定的差异的。知识的本质和特性能够改变资源之间的协调方式，还能够促使相应的组织结构发生改变（楼园和韩福荣，2011）。知识、技术和制度在媒体融合的发展进程中已经牢牢地绑在一起，对知识特性的准确认知可以帮助我们从另一个视角，在报纸编辑部组织结构转型的思路上收获新的启发。

组织及其组织环境是知识系统的一种必然的体现，在此基础上也会对数字传播技术和制度产生深远影响。一个组织原本的知识存储量和知识结构就决定了这一组织的组织结构模式。因此知识也会对一个组织，尤其是对报纸编辑部及其组织结构而言有着重大的作用和意义。一个组织与环境之间相互依赖，实际上就是组织与环境中的知识因素在互相发生作用。通过这一过程，

组织的知识储备开始发生变化,组织结构也会随之产生变化。知识的特性主要包含知识的复杂性、分散性、系统性以及专业性。不同的特性对组织结构产生的影响是不同的,比如,知识的复杂性和分散性与组织层级之间的关系非常紧密;知识的系统性和专业性对于组织结构中的管理层级又具有极大影响。本小节将从知识特性对报纸编辑部组织结构产生的影响进行详细阐释。

(一)知识的复杂性和分散性对编辑部组织结构的影响

知识的复杂性和分散性决定了组织结构的差异性。第一,知识的分工程度决定了组织结构的横向差异性。一个组织结构中的知识分工越细致,就说明在这个组织结构中,人员之间的文化、专业、技能等的差异性越大。与之对应的,在这个组织结构中的职能部门、工作性质和任务之间的差异性也就越大。反之,一个组织结构的层级和部门间的差异性较大,表明这个组织中的知识差异性也越大。第二,知识的分工会直接影响组织结构中的管理幅度,从纵向差异性上影响组织结构的模式。知识的分散性越强,那么组织结构中各部门的职责分工就越明细,在组织结构中的工作成员的文化、技术上的差异性同样也就越大。在这样的情形之下,一个报纸编辑部中的领导者就能够更加有效地增加管理的范围,从而使得组织结构的层级逐渐减少,组织结构将逐渐朝着扁平化的方向发展。第三,组织结构中还存在空间的差异性,空间差异性是由知识分工在空间的广延度上产生影响的。鉴于报纸编辑部是新闻内容生产的核心部门,在报纸编辑部里所需要的知识量和知识类型众多,这同样会使得空间的分散性越大(楼园和韩福荣,2011)。通过上述分析可以看出,知识的分散性和复杂性是分别从组织结构的横向差异性、纵向差异性和空间差异性对其产生影响的。

(二)知识的系统性和专业性对编辑部组织结构的影响

知识的另外两种特性是系统性和专业性,这两种知识特性与组织结构的演化也存在着紧密的联系。从信息在大众传播中的角度来看,知识的广度、深度和更新速度对形成一个稳定、成熟的组织结构至关重要。首先,知识的专业性仍旧对组织结构的横向差异性产生影响。例如,在报纸编辑部中要建立一个全媒体的编辑系统,这个项目的顺利实施需要一个拥有高度专业化知识的团队。该团队中工作人员本身的差异化、工作任务之间的专业化程度，都是为了保证各个职能部门之间能够进行充分的沟通和交流。在这样的环境下，组织结构的管理层级就会相对减少，管理幅度就会较宽，导致纵向的组织结构差异性较小。其次就是知识的系统性，一个组织结构是不断变化发展的，因此要求知识必须迅速进行更新。大众传媒中的传统媒体和新媒体尚处在不断变化的环境中，且对于市场知识和技术知识的更新速度有着非常高的要求。这种时刻快速捕捉外界知识变化的要求必然会导致组织结构中管理层级的减少。因为从过去的组织结构来看，在较多的管理层级中是无法成就快速的反应能力和决策力的。层级过多会导致组织结构中各个职能部门之间或多或少地存在信息沟通不畅、信息传递失真等各种问题（楼园和韩福荣，2011）。

第二节　中国报纸编辑部组织结构转型的现状

从我国目前报纸转型的实践进程来看，大部分的报纸媒体均已在媒体深度融合的路径下展开了不同层面、不同程度的变革。整体而言，目前中国报纸编辑部的转型程度，按照从媒体融合由低级到高级的发展轨迹，大致经历了以下三个层面：从报网互动到报网一体、24小时滚动新闻报道、全媒体融合平台的探索。由于不同的报业组织在推进数字化、全媒化转型的程度、方式、力度都各不相同，报纸编辑部在改革过程中的参与深度、广度也存在不同程度的差异。报纸编辑部在组织目标转变、生产流程再造、组织结构调整等方面，所制定的转型路径、方式、方法也呈现出丰富和复杂的整体态势。我国报业机构、传媒集团中的报纸编辑部，尤其是主流媒体的报纸编辑部，其组织结构目前大致包括以下几种：滚动新闻编辑部、全媒体编辑部以及新型职能式编辑部——"1+X"编辑部。笔者选取了我国报纸编辑部组织结构转型中较有代表性的案例，结合以上组织结构模式在本节予以深入阐述。

一、滚动新闻编辑部——广州日报编辑部组织结构转型模式

以广州日报为代表的滚动新闻编辑部是国内较早开始进行报业数字化转型的媒体单位，广州日报对其报纸编辑部及组织结构的调整在我国众多报

纸媒体中也是走在前列的。2007年6月，广州日报成立了滚动新闻部，这是广州日报社推进广泛影响力，尤其在广东地区影响力的跨媒体联动平台。这是一个集《广州日报》纸质印刷版、广州日报新媒体，包括互联网、移动终端等于一体的跨媒体平台。滚动新闻部的建立，实现了报纸、手机和大洋网之间的衔接，这一举措让广州日报成为国内报纸编辑部组织结构转型的"吃螃蟹第一人"。

报纸媒体的显著优势是拥有强大的采编能力，有一批长期深耕在新闻业务一线的记者和编辑。相比较而言，新媒体的突出优势则是具备海量信息、实时更新以及传受互动的传播特性。滚动新闻编辑部的建立，就是将传统媒体和新媒体各自的优势聚合起来，形成优势互补，激发更大的内容创造能力。如果用一个较为形象的比喻来深入理解滚动新闻编辑部的价值，那么就是它就像是蜻蜓的触角一般。当它触及新闻事件后，随着跨媒体平台的联动作用，深入挖掘新闻事件及其背后的价值，便能持续形成适合不同媒介形态传播的新闻内容，并在一段时间内占据新闻报道和舆论的主导地位，引发强大的传播效果。结合具体工作流程分析，滚动新闻编辑部发现了一条有价值的新闻线索，基于跨媒体平台上新媒体的优势属性可以打破传统报纸一天见报一次、传播范围小（仅限广州或者珠三角一带）的局限性。经由滚动新闻编辑部推出的新闻报道，可以实现每天24小时不间断播报，每周7天滚动显示实时新闻。一旦时间和范围的局限被打破，那么空间的局限也会有所突破。通过网络和无线平台，所有载体播出的新闻报道将传遍整个中国甚至全世界。"广州日报"这个品牌就会无时不在、无处不在。或许在美国某城市的一段地铁上的新闻显示屏上就能赫然出现"广州日报"四个字。这种协同作用的结果正是传统媒体强大的新闻挖掘能力以及新媒体强大的技术能力的最佳体现。这对于广州日报着力提升品牌影响力、塑造传媒公信力起到了重要的助推作用。

滚动新闻编辑部的建立绝非偶然，通过对西方较有代表性的报纸编辑部转型的案例分析中，对于中国报纸编辑部的转型之路或多或少都具有一定的启示意义。广州日报正是借鉴了国外大量的成功经验，并结合自身媒体发展的实际情况，探索出了适合未来转型变革的有效路径。广州日报在顶层设计上准确认识并把握了设立滚动新闻编辑部的必要性和重要性。设立滚动新闻编辑部之后，该部门同事与传统报纸的采编部门无缝对接，每天就工作上的重要事宜进行交流和沟通。新型的沟通机制逐渐建立，相比过去更加畅通、透明。此外，滚动新闻编辑部还打破了传统编辑部较早制定的截稿制度，为7天24小时不间断报道新闻给予了充分的技术支持和保障，只要每天出现有价值的新闻就可以随时随地进行播报。在截稿制度上的突破也从另一个侧面体现了滚动新闻编辑部中"滚动"二字的重要内涵。新闻报道不再拘泥于"一天一报"，而是实现了真正意义上的动态新闻报道。让受众无论何时、何地都能够获取最新的新闻资讯。

此外对于滚动新闻报道，在其发展初期人们往往会形成一种较为狭隘的理解，认为大多数时候它就是一种类似于网站的角色，只是集中在对资料的搜集和二次编写上，其实不然。事实上，在滚动新闻编辑部工作的记者需要在采访对象的选择上进行深入筛选，采访对象除了具备传统报纸媒体的权威性以外，只要对新闻事件能够作出有价值、客观、辩证的评论，都可以被列入选择范围。比如某一新闻事件的当事人、参与现场报道的记者、编辑等都可列为采访对象。滚动新闻编辑部的记者对于以上采访对象的采访，其报道方式灵活多样，不囿于文字形式，还包括图片、音视频等多种形式。2007年6月15日，广东九江大桥发生桥面坍塌事故。这次突发性的灾难事件造成数辆车坠毁、多人失踪，该事件迅速成为广大受众高度关注的对象。事件发生后，滚动新闻编辑部和广州日报下属的大洋网第一时间打通了前方记者和后方编辑的沟通渠道。手机也迅速成为记者进行滚动报道的重要工具，记者将事件的最新进展进行实时报道，并用手机拍摄照片、视频传至网络。大洋网则以文字、图片、视频等多种形式在网络界面向读者发布新闻。坍塌事故发生后的十余天里，广州日报滚动新闻编辑部24小时不间断地在跨媒体联动平台上对事件进行立体的滚动报道。在此次报道中，广州日报是全国第一家抵达现场的媒体，也是全国第一家在网上发布消息的媒体。当然这和其所处的地理优势也有一定关系，但更为关键的还是由于滚动新闻编辑部率先进行24小时追踪报道，也为后续的新闻报道树立了成功的典范（王栋和陶开河，2007）。

滚动新闻编辑部的成立是广州日报在数字化转型方面进行的一次非常有益的探索和尝试。可以看出，在此次改革中，广州日报的编辑部在组织结构层面也进行了调整，在原有的报纸编辑部内部设立了滚动新闻部。在组织人事方面，为了便于组织之间的协调，滚动新闻编辑部受到广州日报社社长助理、大洋网总裁的直接管理。成立滚动新闻编辑部是广州日报编辑部转型的第一步，伴随组织结构的调整，编辑部的组织目标、生产流程、组织文化等一系列相关因素也会随之优化。此外，在整个滚动新闻的报道过程中，报纸的记者一般不直接给滚动新闻编辑部供稿，而是将滚动新闻编辑部作为一个媒介中转站的角色，向大洋网提供新闻稿件。滚动新闻编辑部在报纸采编部门和大洋网之间起到了重要的衔接作用，成为搭建二者联动的桥梁。基于以上的联动协作，广州日报报纸采编部门和大洋网在日常业务方面加速了融合的脚步。鉴于此，我们也可以发现其中隐藏的部分问题。无论在突发新闻报道还是在每日常态化的新闻报道中，都经常会出现滚动新闻编辑部的记者和报社采编部门的记者同时前往现场的情况。某种程度上说，这会造部分人力、物力和财力等资源的浪费。另一个问题涉及记者对于媒体转型的准确认知、观念的转变等，报社采编部门的部分记者不会主动将新闻资源与大洋网的记者进行分享，归根到底还是由于激励机制等问题尚未充分解决。当然，作为媒体融合道路上的初探者，广州日报在转型中势必会产生一些问题，直面问题并积极寻求解决途径才是继续稳步推进融合之路的必要保障。

二、全媒体编辑部——南方日报编辑部组织结构转型模式

全媒体编辑部是以南方日报为代表的南方报业传媒集团构建出的新型报纸编辑部组织结构。南方日报改革和转型的步伐整体上较为平稳，虽然相比其他报业集团变革稍晚了些，但收效很好，属于稳中求胜的改革类型。面对白热化的市场竞争和前所未有的行业变局，南方报业传媒集团领导班子制定了"深耕主业、多元开拓、加快转型、融合发展"的报业转型战略，主要包括以下几个方面：第一，提升报业传媒的舆论引导能力；第二，保持经济效益稳定增长，加强成本管控；第三，建章立制强化管理，营造良好工作氛围；第四，加强领导班子及集团队伍整体建设；第五，确立深耕主业、多元开拓、加快转型、融合发展的战略，从宏观层面准确把握媒体融合的脉络。

传统媒体尤其是报业在自由市场经济下遭遇新媒体的连番冲击，新闻品质一度下滑。为了扭转这一局面，自2012年8月开始，《南方日报》进行了其报纸改版历程中的第九次改版。这次改版的结果，成功稳固了其发行量连

续 27 年、广告收入连续多年居全国省级党报第一的重要地位。移动互联网为代表的新型网络形态并没有因此停下快速发展的脚步，反而在技术的土壤上不断深耕。在新媒体的推动下，新闻传播方式和渠道发生翻天覆地的变化，也直接导致在很长一段时间内，纸媒的发行量和广告收入严重下滑。面对这种挑战和困境，传统媒体都在绞尽脑汁维系其生存。南方日报作为传统报媒的佼佼者，在这场变革中也不能独善其身。南方日报积极寻求转型之道，以改版为变革契机，结合自身优势所在，逐步形成了从纸质媒体变身为拥有多条新媒体产品线的综合性媒体。2012 年 10 月 23 日零点整，南方日报上线了升级版的官方网站——"南方网"。全新改版的南方网重点打造网络问政、政经要闻、南方播报和全媒体四大模块；从成立负责采集各类纸质媒体内容的全媒体突击队，到制作广电节目各类内容的全媒体采编虚拟团队；"报网互动"升级为"报网融合"。《南方日报》第九次改版，其辐射面不单涵盖了媒介形态的融合，还涵盖了媒介功能、传播手段、运行机制、组织架构等多要素的融合。

南方日报早在 2007 年便尝试对报纸编辑部进行改革，但那个时期只是针对编辑部内部结构简单地微调。直到 2012 年南方日报全媒体编辑部的组建，其编辑部的转型之路也走过了近 6 个年头。基于南方日报"深耕主业、多元开拓、加快转型、融合发展"整体转型战略，在具体实施层面上，每个部门都根据战略要求制定了各自的内部改革方针。南方日报报纸编辑部作为南方日报的核心地带，其改革的方针和路径对于南方日报整体全媒体化的推进起着至关重要的作用。2007 年，南方日报开始着手对报纸编辑部进行改革，除了以往传统的采编部门，在编辑部内部新增设了一个新媒体部门。该部门涵盖了手机报、南方网等新媒体。新增设的部门主要是为了在未来持续探索移动媒体而设置的。此外，南方日报编辑部还在下属不同的部门版块里，增设了一个副主任的工作岗位。该岗位的主要职责是秉持媒体融合的改革理念，在常态化的工作中，当其管理的部门，尤其是当传统媒体部门和新媒体部门协同工作中出现问题和矛盾时，"副主任"将起到"润滑油"的作用。其主要职责在于积极引导和协调疏导。新媒体部门和副主任岗位的设立，虽然只是编辑部组织结构内部的微调，但这也是南方日报编辑部转型的一个过渡期，是为新型全媒体编辑部的构建所作出的必要铺垫工作。

时间行至2012年，南方日报在原有报纸编辑部组织结构微调的基础上，创立了全媒体编辑部。总体来说，全媒体编辑部既是一个存在于传媒集团内部的实体部门，也是一个跨媒体工作的虚拟组织。全媒体编辑部的记者，其工作地点仍旧是在原有的按照报纸版块划分的办公室中。在对编辑部实体空间结构改造的层面上，南方日报并没有像西方报纸编辑部那样为全媒体编辑部单独打造一个放射状的空间场所，但这并不会影响全媒体编辑部的工作效率。这一点也充分印证了媒体融合的发展路径一定要结合具体国情及传媒集团自身属性综合考量，而不是简单地照搬国外经验。南方日报全媒体编辑部同上述广州日报的滚动新闻编辑部有相似之处，也是7天24小时不间断进行新闻报道。编辑将稿件资源进行筛选和二次整合，通过报纸、网站、微博、微信等媒介平台进行新闻产品的推送。全媒体编辑部的建立，有效避免了采编人员的重复工作，减少了资源的浪费和分散，以满足不同的受众需求为目标，源源不断地输送多元化的新闻产品，并将其呈现在不同的媒介终端上。全媒体编辑部的成立还进一步促使了传统报纸与新媒体的融合，使纸质媒体与网站、手机、户外LED屏幕、电子阅报栏等终端都产生紧密的联系，一同进行全天候的新闻报道。在此基础上，也最大限度地发挥了纸质媒体的优势，在报纸平台呈现出的新闻报道和其他平台的新闻报道互为补充，将富有深度的、篇幅较长的新闻报道在纸质媒体上优先传播。由此可以看出，全媒体编辑部的搭建，并不是简单的媒介形式的叠加，也没有因为不同媒介形态的汇聚而削弱了各自所长。相反地，在全媒体编辑部中，不同媒介形态将自身优势最大限度地凸显出来，大幅度提升了新闻报道的数量和质量。此外，由于记者、编辑在全媒体编辑部中紧密联系、实时沟通，这也大幅度提高了新闻传播的时效性，提升了对正在发生新闻的报道能力。值得一提的是，全媒体编辑部中还专门设立了一个全新的岗位——全媒体编辑。和其他传统报纸编辑最主要的区别是，全媒体编辑除了要负责纸质报纸的内容生产，同时也需要处理新媒体的信息生产和传播。把纸质的新闻稿件编辑成适合在新媒体平台上传播的新闻产品，这种编辑不是简单的"内容平移"，而是根据新媒体平台的传播特点，对稿件进行二次加工。从传媒集团和报业组织来说，设立全媒体编辑部是为了更好地整合资源，更有效地控制成本。从新闻从业者的角度来说，全媒体编辑部的构建会使原本的工作朝着更加集约的方向发展。

全媒体编辑部的搭建,对工作流程的变化、业务技能的转型也产生了重大的影响。通过业务流程再造,传统的报纸编辑部已经逐渐演变成全媒体的组织。但是传统纸媒仍然还是整个传媒集团的支柱产业。内容建设是报业发展的立足之本,因此在传统的报纸编辑部中,集中了一批具有过硬的采写等业务技能的记者、编辑。全媒体编辑部的构建在很大程度上加速了新媒体和传统纸媒工作流程上的融合。记者、编辑既可以为传统纸媒供稿,也可为新媒体提供照片、视频等新闻产品。传统纸媒中文字功底优秀的记者、编辑还可以对新媒体的稿件进行深加工。比如,南方日报新媒体部门设有"网络问政"版块,这个版块也采取了与传统纸媒编辑部联手合作的形式。网络问政是针对群众关心的热点和网友的提问进行在线解答。网站专门设立了各个地级市的领导的回复窗口,网民可以直接向政府官员进行提问。新媒体平台可以从网络问政中为传统媒体平台挑选老百姓关心的热点问题、焦点问题,使之成为传统媒体的重大新闻选题,这也为记者探寻新闻线索开辟了全新的路径。全媒体编辑部需要采编人员能够对新闻事件,尤其是具有重大新闻价值的事件、突发新闻事件进行联动报道,这就对记者、编辑的业务技能提出了更高的要求。南方日报下属的视觉新闻部增设了视频工作室,摄影师除了掌握必备的拍摄技能以外,还需要拍出符合传统纸媒传播的新闻图片,以及学会如何制作视频并将其提供给新媒体部门。基于媒体融合背景下的新闻编辑部的改造,对摄影师提出了全新的技能要求,对记者、编辑来说,他们首先要从观念上准确认知传媒变革的发生,其次要用实际行动来提升自身的业务水平和专业新闻素养,以满足全媒体编辑部对新闻从业者的更高要求。

此外,考评制度和绩效制度的调整也是全媒体编辑部持续优化的重要保障。首先,在组织结构变革中,绩效制度是变革能否顺利进行的一个重要因素。由于组织结构的变革,员工的工作环境、工作压力、工作流程以及工作积极性都产生了诸多变化。改革考评制度和绩效制度也应该与变革同步,如此才能最大限度地减少员工由于变革产生的不安或者抵触情绪。笔者采访了南方日报行政部的管理人员,在采访中其谈到利益分配机制必须在全媒体的融合进程之中被认真考虑,这样对提升员工的积极性是一种极大的鼓励。新的绩效制度是员工按照劳动量计分,并且秉持多劳多得的原则。具体来说,如果将报纸上的新闻内容直接平移到网络平台是不计分的,只有经过二次加工、编辑,且适合在新媒体平台传播的新闻稿件才能算分。上文中提到的在新闻事件的联动报道中,一旦联动报道小组的稿件被采用,那么身处联动报道小组中的所有成员都可以计分,包括出镜记者、编辑以及负责该频道的频道管理员。其次是考评制度,南方日报花了整整12年的时间,制定出一套非常全面、细致的全媒体考评细则。媒体集团的行政部门设有考评工作室,这个部门的职能就是对全媒体编辑部的采编人员进行工作考评。南方报业传媒集团一年一度的好新闻评比,也归属于考评制度的一部分。

三、新型职能式编辑部——湖北日报编辑部组织结构转型模式

在南方日报搭建全媒体编辑部的同一年,湖北日报也进行着改扩版。这次改扩版在媒体机构的制度创新上取得了良好效果,主要体现在以下两个方面。

第一,对组织架构进行调整。首先,湖北日报在这次改扩版上实行了采编与经营、采写与编辑两分开的路线。这样的调整举措是为了使各员工更加专注于自己的职责所在。其次,建立了总编辑领导下的主编负责制。湖北日报的每个版面都会设立一名主编,主编直接对总编辑负责。实行这样的制度改革有助于提高新闻的策划创意能力。新闻报道的创新,重点在于思维方式的创新和转变。要写读者想看的、读者希望看到的、读者愿意了解的东西。要向读者报道其应知、欲知而未知的新闻事件。再次,设立部门"双岗制",也就是主任、首席编辑共同负责的机制。主任的主要职责是进行新闻的报道策划,根据重大或突发的新闻事件随时调配记者、编辑,主任的另一个职责是进行稿件的把关。首席编辑的主要责任在于阅评前置,这样可以大幅提升新闻稿件的质量,更容易产出精品。最后,重大选题实行项目责任制。每遇重大选题之时,就会设立临时的项目组并指定人员担任项目负责人。组织架构经过全面调整后,湖北日报整体竞争力逐渐提升,传媒集团的新闻从业人员工作积极性高涨,并生产出了一大批围绕重大新闻事件的精品新闻报道,产生了较好的社会反响。

第二,再造工作流程,加强内容建设。湖北日报首先明确了作为传统媒介,并且作为传统党报,在内容建设、舆论引导上一定要起到表率的作用。为了确保内容生产的质量,湖北日报健全了以往采前会、编前会等会议审核

制度，并设置了多重策划制度。工作流程从媒体早上的采前会开始进行，在采前会上，每个版面即每个新闻中心要上报当天的重大选题，并在采前会上进行统一的安排策划。每晚 8 点召开编前会，编委会的成员、主编以及责任编辑都必须到会，对次日的工作进行规划安排。编前会的另一个作用就是对白天已经组版的版面进行公开的审核，遇到意见相左时，主编、责任编辑要当面陈述自己的理由和观点。工作流程再造、制度的革新能够加大新闻产品高质量生产的保障力度。公开透明的审稿机制更是有效杜绝了有偿新闻、有偿不闻等违背专业道德素养现象的出现，巩固了新闻从业者的职业道德以及新闻专业主义的素养。

在组织架构调整的基础上，湖北日报编辑部采用了新型职能式编辑部的模式——"1+N"报纸编辑部。这种组织结构也是目前大部分报纸编辑部采用的模式。这种新型职能式编辑部的组织结构与上述两种编辑部的组织结构有一定的差异性。"1+N"报纸编辑部主要还是建立在传统的职能式组织结构之上的，在转型改革层面的力度上并没有那么大，属于比较缓和的微调。"1+N"模式实际上就是总编辑领导下的主编负责制。"1"指代报纸总编辑，"N"就是各个部门的主编。主编对总编辑负责，因此主编手上仍然拥有较大的权力，属于报纸编辑部中的最高级别负责人。该编辑部的组织结构也是根据湖北日报所设新闻版块进行构建的。负责每个版面的主编被抽调出来，汇聚在同一个办公室办公，并成立了新闻编辑中心。这种变革的意义在于报纸对新闻的分类更加明晰、灵活。但这种组织结构也存在一个很大的短板，就是主编和一线记者、编辑之间脱节严重，这点和传统的职能式组织结构有类似之处。

2012 年以来，湖北日报以建设"全国一流省级党报"为目标，坚持"党报品质、时代气息、湖北特色、大报风范"，连续实施动态改版，报纸传播力、影响力、引导力、公信力显著增强。尤其是 2016 年实施渐进性改版以来，该报突出强化党报品质和思想深度，探索建立"要闻+时事+评论+地方分类新闻+专副刊"的新型版面结构，确立了以政经为主的主流大报格局，一批重大报道在全国产生深远影响。湖北日报主要设立了以下部门：时事新闻中心、武汉新闻中心、经济新闻中心、农村新闻中心、区域新闻中心、新闻出版中心、评论理论中心、内参编审中心、群工舆情中心、视觉新闻中心、文化新闻中心、政治新闻中心、社会新闻中心以及专家委员会。每当遇到具有重大新闻价值的事件或者突发事件的报道时，湖北日报将依据事件发展情况、报业集团内部人力资源等情况综合考量，从上述部门中抽调部分记者和编辑组建临时新闻报道小组，对新闻事件进行全方位的滚动新闻报道。湖北日报分管经济新闻中心的负责人在采访中介绍，每个版面的主编会根据发生的新闻事件迅速作出预判，并根据新闻事件的主题，找出适合报道该事件的记者、编辑。比如关于春运的新闻报道，主编会迅速抽调出平时最擅长跑这种新闻、最常跑这条新闻线的记者，并从其他部门挑选出与报道内容相关的其他工作人员进行联动合作报道。又比如，关于春运的新闻报道中如果涉及文化方面的新闻，那么文化新闻中心也会抽调相应的新闻人员进行联合报道。当该新闻事件的报道结束之后，临时工作小组中的成员将迅速回到各自部门进行常态化工作，做到事毕即散。

另外，湖北日报考评制度的建设也是其报业转型中一个重要的环节。湖北日报设立了三个层级的考评制度：第一，日评制度。每天由策划考评委员会专家及时、严格逐篇评审，依制评级，当日公示。每天评选出一篇好稿子，主要针对消息、通讯、特写、言论、照片，特别出彩的版面和标题也可以参与评审。由前一日夜班编辑进行推荐，次日采前会复议确认。采前会上，白班的值班总编辑还需在对比同城报纸及相关党报后，认真评级，肯定优点，分析不足，敢于批评，促进整改。并坚持每天由总编辑、值班总编辑点评报纸、报道，写出点评意见，形成直接、具体、针对性强、富有实效的业务指导。第二，月度考核。湖北日报坚持"鼓励竞争、质量第一、奖励精品、兼顾公平"的原则，按岗定职、按职分级、按级定酬；以稿计分，多劳多得，每月考核，奖惩兑现。第三，新闻奖评选。每月评出月度新闻奖35件，好标题3件，予以奖励。鼓励记者多采写新闻、采写高质量的新闻；鼓励记者、编辑用更高的标准要求自己，不断打磨新闻稿件，从标题、内容、版式等方面加以优化和提升，以期生产出满足受众需求的高质量新闻产品。

第五章 中国报纸编辑部组织结构转型中存在的问题及原因

从上一章的论述能够看出，中国大部分报纸编辑部在组织转型的道路上都作出了不同程度的探索，形成了适合自身发展的新型报纸编辑部模式，并在一定程度上由下至上地对报业组织结构的转型、传媒组织结构转型的推进贡献了力量。但进步的同时一定会出现一些新的问题，且不同的报业编辑部在转型中采取的策略不同，出现的问题也是有所差异的。因此本章就中国报纸编辑部组织结构转型中的一些共性问题进行梳理，并尝试分析造成这些问题的原因。只有"对症下药"，解决转型路上遇到的各种问题，才能持续、深入、彻底地推进媒体融合的进程。

第一节 中国报纸编辑部组织结构转型中存在的问题

笔者将结合上述主流媒体报纸编辑部组织结构转型中的典型案例，归纳总结中国报纸编辑部在组织结构转型、重构之路上遇到的较为突出的以及共性的问题。涉及三个主要问题：部分传媒集团整体转型步伐较慢，导致现有组织结构难以应对外部环境的剧烈变化，且媒体机构的管理机制存在一定的问题；调整后的报纸编辑部中，管理层级不但没有减少反而增多，导致跨部门协作存在一定的障碍；媒体机构的管理者、从业人员等对组织结构扁平化的理解存在一定的偏差。在本节中，笔者将围绕以上三个主要问题集中展开论述。

第一，部分报社、传媒集团在媒体融合的发展道路上起步较晚且步伐较缓，导致转型还未深入组织结构层面。部分报纸编辑部仍然沿用原本的组织结构，这就直接导致了现有的组织结构难以应对当下强烈的传媒变革。在论述组织结构对报纸编辑部转型的重要意义时，曾提到当外部环境发生变化时，一个组织应该迅速调整其结构使之与现有环境相匹配。尤其在移动互联网时代，传统媒体的组织形态已经遭遇严重挑战。传媒组织结构尤其是内容生产核心部门——报纸编辑部的组织结构应随着战略、观念、业务、机制等各个层面的变化进行调整。但从目前转型的态势来看，部分报纸编辑部、传媒集团仍然沿用了原有的事业部制的组织结构或者是"金字塔式组织结构"。这些组织结构虽然在很长一段时间内是大部分企业都采用的组织形式，但其最大的问题在于固有层级过多，导致组织内部沟通不畅，无法较好地建立起良性的沟通机制。

此外，由于转型步伐较慢，部分报纸编辑部中存在管理机制不完善的问题。比如某些传媒集团内部，其管理纸质媒体的团队和管理新媒体部门的团队在权力分配上是"各自为政"的。有的传媒集团在整体采编业务的分配上也以纸质媒体的团队为核心。只有当纸质媒体上存在刊登剩余的新闻稿件时，这些稿件才会被分发给新媒体团队。从这种状况来看，纸质媒体部门和新媒体部门实际上仍然是"两张皮"，并没有从根本上实现传统媒体和新媒体在跨媒体平台上的融合互补。当然，造成这种结果的首要原因，还是在于传媒集团的管理层没有深刻地理解媒体转型的实质意义，从思想上、观念上还没有透彻地意识到传统纸媒转型的必要性和迫切性。所以他们在实际操作上就会放缓实施的进度，就更谈不上完善现有的管理机制问题了。在前面章节的论述中提到的"澎湃新闻"就是传媒集团的管理机制完善后较为成功的案例。"澎湃新闻"能够顺利推进的重要原因，是其管理高层在改革的思想上、步调上达成了统一。东方早报纸媒团队放下了转型变革中的思想包袱，放眼全局，共同发力，将"澎湃新闻"打造成为作为党的宣传报道的又一重要渠道。

第二，部分报纸编辑部仍然存在管理层级未减少、管理结构不明晰的问题。这是大多数报纸编辑部在进行组织结构调整之后出现的较为明显的共性问题。首先，管理层级未减少是由于部分报纸编辑部在业务流程、管理机制上采取了一些新举措，搭建了跨媒体联动的传播平台、创建了新的部门。这就直接导致部分编辑部不但没有减少原有的管理层级，反而因为设置了新的部门又增加了管理层级。组织管理学的理论表明，管理层级越少，沟通渠道越短。相反，管理层级每增加一层，就意味着会增加多一层的压力。因此，管理层级的增加从某种程度来说是不利于一个组织内部成员之间搭建快速、透明、顺畅的良性沟通机制的。同时中间层级太多也会导致信息在传递时不能及时地上传下达。在信息传播的过程中，本身就会有噪音的摄入，这样会加速信息的失真和目标的走样。我们会发现一个现象，当一个组织发展至一定阶段时，往往会从组织内部出现减少组织结构中管理层级的呼声。我们要辩证地看待管理层级减少的问题，这些被减少的层级在过去媒体机构的发展中发挥过重要的功效。但由于新的历史环境的到来、新的传播技术的冲击，原有的传媒格局发生了巨大变化。这些管理层级已经不再适合现有的组织结构模式，需要积极地进行调整。

此外，管理结构不明晰也是一个较为突出的问题。例如在上述章节中提到的广州日报创立的滚动新闻编辑部，在初期运行中就存在类似问题。滚动新闻部隶属广州日报编辑部，在发布新闻报道时需要和大洋网始终保持良性、顺畅的沟通机制。在实际操作中，滚动新闻编辑部涉及两个信息操作平台：一个是采编平台，另一个是发布平台。《广州日报》是传统的纸质媒体，而大洋网是新兴的网络媒体。两种不同媒体平台上的新闻工作者在沟通和协调时，难免出现状况。滚动新闻编辑部的记者在获取新闻线索后，对新闻线索进行深度挖掘，并对挖掘内容进行整理、加工，最终形成文字稿件。一般情况下，如果将滚动新闻编辑部的管理架构进一步优化，那么由纸质媒体的记者完成的新闻稿件就无须一定提交给大洋网的编辑人员进行二次编辑加工。正是由于管理结构尚未明晰，滚动新闻编辑部如果需要传播信息、生产内容，只能借助大洋网的发布平台进行推送。这里面存在几个比较突出的问题：首先，新闻生产的工作效率大打折扣，因为所有纸质媒体形成的稿件都需要送审大洋网的编辑进行，也会或多或少地影响新闻报道的时效性；其次，大洋网的编辑具备的网络平台的操作技能和编辑理念，更加适用于网络平台上新闻稿件的编排，但却不一定适合在广州日报报纸媒体上进行传播。这是由于网络媒体的媒介特性与纸质媒体的媒介特性具有较大差异，在不同媒介平台工作的编辑，其编辑理念也会有所区别。长此以往，就可能导致新闻报道在网络平台的传播效果与滚动新闻编辑部期待的传播效果之间存在一定的差距。

第三，部分媒体管理人员对组织结构扁平化以及跨部门协作的转型思路存在理解上的偏差。组织结构扁平化是管理学理论体系中的重点问题，所谓扁平化管理是现代企业的一种新型管理模式，目的在于减少管理层级、提升管理效率。在过去很长一段时间内，当一个企业的规模不断扩大时，人们会利用增加管理层次的办法进行企业的组织管理。进入了新的发展时期，更加有效的办法是提高管理幅度。当管理层次减少而管理幅度提高的时候，原来金字塔式的组织结构就会"压缩"成扁平化的组织结构。因此，扁平化的组织结构在实际操作中，可以通过减少行政管理层次，或者裁减、调整冗余人员，从而建立一种更加紧凑、干练的组织结构。将扁平化的组织管理运用到传媒集团组织结构内部，其目的也是减少不必要的管理层级，让组织内部的信息更加快速、顺畅地流通。除此之外，调整原有组织架构中的人员结构，让擅长该领域、拥有该领域技能的人员，进入适合自己的部门或者岗位，充分发挥自身的技能优势、知识专长等，以此提高工作的积极性和效率。但在编辑部组织结构调整的现实操作中，部分传媒集团管理层狭隘地理解了扁平化管理的内涵，认为扁平化的管理方式即机械地减少管理层次、压缩职能部门和机构，甚至有部分管理层将扁平化管理直接和裁减人员画上等号，以上种种皆是对组织结构扁平化的内涵存在认知上的误区和偏差。传媒组织结构的扁平化是为了"打通组织障碍"，为了实现组织内部的信息高度畅通，提高组织运作效率，增强核心竞争力、适应力及变革能力，并最终促进传统纸媒和新媒体之间的双赢。此外，压缩层级是实现组织扁平化的一种方式，但绝不是唯一的方式。打通组织层级之间的障碍才是关键。要在报纸编辑部内部打通障碍，疏通信息，可以从两条路径入手：一是进行生产流程再造，二是解决管理幅度和人员素质的问题。让身处新型报纸编辑部中的成员之间的工作关系顺畅起来，才能使组织结构的转型与流程再造相匹配，实现报纸编辑部的扁平化管理。

　　除了对扁平化管理的内涵存在理解上的偏差，部分媒体管理者以及从业者对跨部门协作的工作模式也存在理解上的误区。上述章节的论述中也曾提到，在具有重大新闻价值的事件或者是突发性灾难等事件出现时，传媒集团内部会迅速从各部门抽调一部分"精兵强将"搭建起临时的新闻报道小组，或者是跨媒体平台协作的部门。一般情况下，随着事件的结束，临时报道小组也会随之撤离，做到事毕即散。部分管理者和从业人员在理解跨部门协作的路径上，认为跨部门协作实际上会在原有工作的基础上增加工作负担和管理上的难度，其实不然。从另一个角度分析，如果在一个传媒集团内部创建一个全新的部门，或者是在报纸编辑部内部设置一个全新的岗位，结果却仍需要频繁地进行跨部门协作，其实反映出了这种部门的调整或者岗位的增设是欠缺深思熟虑的，是不合理的。因此无论是基于常态的新闻报道工作，还是突发性新闻事件的报道，我们在组建跨部门协作或是调整部门分工、增设岗位时，都需要从提高新闻报道的时效性以及报道质量的角度去衡量和考虑。无论是扁平化管理还是跨部门协作，这都不是改革的结果，而是一种路径或方法。最终都是为了更加优化新闻产品的输出，通过多元化的渠道平台向用户传递有价值的新闻信息，加快媒体深度融合的进程，提升品牌的影响力和竞争力。

第二节　中国报纸编辑部组织结构转型中存在问题的原因分析

本节将结合上一节中对中国报纸编辑部组织结构中存在的问题梳理，回到中国社会发展、传媒发展的情境中考察实践，围绕转型中凸显的主要问题，进一步探析产生问题的原因。鉴于无论媒体外部环境还是内部环境都包含着大量且深刻的变量，本节将选择对编辑部组织结构转型中存在问题影响较为深刻的三大原因进行深入阐述。

一、组织结构的变革还需以文化体制改革的深入推进作为保障

文化体制的实质是有关文化组织和组织行为的各种制度的结构化体系，是自发形成或者是人为设计的各种交往规则的规范化、结构化和系统化表达。文化体制改革实际上是一个推陈出新的过程。它随着社会的变迁发生变化，原有技术环境下的陈旧制度亟待重新建立。对于媒体组织而言，需要一个与新的传播技术环境相匹配的制度体系的建立。文化体制改革的基本特征就是产生质变，是对文化系统的上下关系、本系统与社会系统之间的关系、本系统内部的各种关系的改造和重建。前面章节对我国在报纸编辑部组织结构转型中存在的主要问题进行了梳理，其中造成部分问题的原因就在于文化体制

改革还不够彻底。

　　改革开放以来，我国社会主义市场经济体制趋于成熟，但文化体制的改革面临着一系列的现实困境。首先，中国社会基础结构的变迁导致文化体制赖以生存的制度环境发生剧烈变化。与人民群众息息相关的，诸如象征身份保障、享受资格权益以及人事干部制度等都不同程度地产生了震荡。简单来说，就是"体制内"出现"转型危机"。将目光转到传媒集团、报纸编辑部的场域中，其内部转型同样受到"体制内"的困扰。尤其当报纸编辑部或者传媒集团进行组织结构调整时，会涉及部分有较长工龄的员工，这些员工由于长期在某个岗位上工作，面对突然的调整或改革，从个人层面来讲是较为抗拒的。尤其是当组织结构的调整引起组织人事上的变动，这种转型就会遇到较大的难度和阻力。但凡一个组织内部涉及人事上的调整和变动，管理层和员工都会高度关注。这背后的原因主要在于人事上的调整与个人的利益问题是紧密联系在一起的。人们对待转型的态度受到他们认为的转型可能如何改变个人利益的观点的影响，这里的利益包含诸多内容，比如权力、社会地位、薪资报酬、工作或升职机会等。倘若这些利益不会受到来自转型或变革的威胁，人们就会支持改革。反之，人们就会产生抵触情绪。部分管理者或是员工较为抗拒组织人事上的调整和变动，也是因为那会影响到个人的利益等。许多企业内部在进行组织结构调整时，很难推进到关键环节，大都是在转型中遇到了以上问题，导致改革不彻底。比如，部分传媒集团、报业集团或是报纸编辑部在进行组织结构的转型时，部分管理层提出了"新人新办法、老人老办法"的方案，其结果就是不能从根本上进行原有组织结构的调整和变革。从这个层面来说，也会或多或少地对推进媒体融合的进程有所影响。其次，市场经济体制的确立使文化管理体制必须由过去的封闭式转向开放式，从主要面向文化系统逐渐朝着面向全社会的方向改进。通过对中国报纸编辑部原有组织结构的梳理发现，大部分的报纸编辑部一直沿用自上而下的封闭式管理方式。当进入媒体融合的时代，封闭式的管理方式与现有的发展路径不再匹配，应该逐渐建立起一种以平等、开放、竞争和效能为基本职能导向的、面向全社会的开放式的管理服务体系。由于常年处于封闭式的行政化管理模式中，这类报纸编辑部在组织结构转型中也会遭遇重重阻力。要解决组织内部从封闭式的管理模式走向开放式的管理模式，首先需要解决的问题就是持续、深入地推进文化体制改革，且管理者、领导者需要转变固有思想，强化转型的思维方式。其实，在转型的过程中，并非所有的人都将自己的既得利益放在首要考虑的因素。在数字传播技术迅猛发展的今天，有很大一批新闻从业者和管理者能够将目光放得更加长远，能够从宏观层面意识到报纸编辑部、传媒集团转型的重要性，认为只有转型才能不被时代抛弃和淘汰。他们能够明白放弃眼前的利益将会赢得未来更多的利益。对于目前还不具备长远眼光和意识的新闻从业人员，只能从转型的优势和长远的利益上对他们进行思想意识上的引导。

因此在考虑组织结构转型的问题时，除了技术变革以外，制度环境是另一重要的情境变量。改革开放以来，从计划经济到市场经济，经济转型释放的自主权激发了各行各业的创新活力，而制度环境成为企业从事创新活动和创新成功的关键影响因素。在此，我们可以借鉴管理学和社会学中的制度理论分析框架，进一步厘清深化文化体制改革对组织结构转型的重要意义。制度包括为社会生活提供稳定和有意义的规制、规范和认知性要素以及相关活动和资源。制度可以看作是一种管制系统，也是一种规范系统，还是一种认知系统，通过不同的文化、结构等载体为社会行为提供解释。在制度理论分析框架中，又可以通过技术环境与制度环境两个概念的区分，展开对组织环境的认知。技术环境是一个企业组织的产品或服务在市场上进行交换，组织能够通过对工作流程的有效控制获得收益，以此缓和或者保护其核心流程较少地受到技术环境动荡性的冲击或影响。制度环境与技术环境相反，组织要想从环境中获得技术和认可，就必须服从规则和规定。组织的制度环境与技术环境尽管呈某种程度的负相关，但二者是相互交织在一起的。不同类型的组织实际上都处于这两种不同环境的共同作用之下，且在不同类型的组织中，制度环境与技术环境之间的强弱程度也有所不同。传媒集团、报纸编辑部等组织结构，都处于制度环境与技术环境皆高度发展的双重压力之下。因此，无论是传媒集团还是报纸编辑部，二者都面临着效率和效益的双重要求，与此同时也需要遵循来自行业内部、组织内部的各项制度和规定（高辉，2017）。

二、传媒管理者受封闭式的传统行政化管理模式影响较大，组织成员的不确定倾向较为突出

上文笔者已经提到，通过对中国报纸编辑部原有组织结构的梳理发现，大部分的报纸编辑部、传媒集团一直沿用着自上而下的封闭式管理方式。当新的传媒生态逐渐形成，新的传媒格局逐步构建，过去封闭的管理方式与现有的媒体深度融合的发展路径已很难匹配。新型的管理模式应该以平等、开放、竞争和效能为基本职能导向。由于常年处于封闭式的行政化管理模式中，报纸编辑部、传媒集团整体的组织结构调整从媒体内部就遭遇了重重阻力。因此，在大多数报纸编辑部进行组织结构调整时，基于数字传播技术的特性，新构建的组织结构更加趋于扁平化、柔性化和无边界化。这种变化在报纸编辑部组织结构调整中会直观地表现出来，比如在组织管理层级上产生一系列的变化，一些部门或者是部分管理岗位被合并甚至是取消等。从这一点来说，部分管理者或者领导者就会较为抗拒组织结构的调整，因为组织结构的变革会带来组织人事的变动，会削减其原有的所属资源、既得利益等。组织结构的转型倘若想要进行得深入、彻底，首先要从思想上解决问题。尤其是涉及自身利益变动的管理者需要转换思想观念，尤其是要破除原有的思维定式。要树立正确的价值观、发展观和全局观。当组织的利益与个人利益相矛盾、相冲突的时候，必须顾全大局，将眼光放至整个传媒行业的发展之中。放下个人利益，把组织和人民的利益放在首位。尤其传媒集团或者是报纸编辑部的管理者，面对组织进行结构上的调整和改革时，应该起到表率作用，发挥正确的舆论引导作用，应该全力支持并配合组织结构的调整而非加以阻挠。媒体深度融合的发展背景之下，大多数过去单一的报社机构纷纷走上了传媒集团化的转型之路。面对如此重大的行业变革，对新型管理人才的需求也是极为迫切的。新的历史时期对新型的管理人才也提出了更高的要求，这类管理人才不同于以往传统媒体机构中的管理者。除了在思想上要"与时俱进"，契合媒体组织转型的整体思路以外，高层次传媒管理人才还必须精通各类媒体，熟悉各类媒体的特性和运营方式，深知运用不同的媒介形态制造适合不同媒体平台传播的新闻产品。这类高层次的传媒管理人才往往具备三个特点：懂新闻、懂技术、懂管理（蔡雯，2012a）。也只有这样的高层次传

媒管理人才，才能从根本上意识、认知媒体组织结构转型的重要性和迫切性，才能彻底地摆脱由长期封闭式的行政化管理模式带来的思想与行为上的束缚。

　　回顾过往传媒行业的发展历程，我国大部分的传媒集团都经历过"转企改制"的调整。"转企改制"实质上是对事业单位进行企业化管理，改革的出发点是积极的，是希望将企业化管理的模式、方法渗透至事业单位的日常管理中。最终目的也是希望能够整体提升社会效益和经济效益等。虽然"转企改制"的初衷是好的，但从变革的过程和结果来看，也暴露出许多突出的问题。其中较为突出的就是在事业单位中很难做到真正意义上的"去行政化"。由于我国报业集团、传媒集团长期在"行政化"的管理模式下运作，在组织结构进行调整和变革时，部分员工或者管理人员不能够及时、主动地从过去的状态中转变，甚至是不愿意改变，对于组织结构的调整和变革较为被动，且持有的态度比较消极。因此，虽然在中国已经有大批的传媒集团提倡"去行政化"，将事业单位进行企业化管理，但成效却并不显著。当然，面对重大的改革和调整，这种"转型"也不可能一蹴而就。这是一个循序渐进、逐渐深推的过程，对于暴露出来的问题我们也需要一定的时间去优化和解决。尤其是针对人的思想意识的转变，更需要足够的时间去调整。媒体融合的背景下，我国报纸编辑部的组织结构需要向着融合新闻生产的组织结构模式进行转变。这就要求编辑部的组织结构更加趋于扁平化、柔性化、无边界化，要和过去事业部制式组织结构有所区别。只有将较多的管理层级进行压缩，才能使组织结构的模式更加顺应媒体融合的发展态势与要求。

　　此外，对于组织成员来说，许多员工在面对组织结构转型时，都会惧怕由转型或是变革带来的种种不确定因素。这种不确定性是由缺乏拥有转型的应变能力或是相应的素养技能造成的，也是一种面对转型"无力招架"的缺乏自信的表现。比如，媒体融合的发展催生了融合新闻，在融合新闻生产组织结构中需要更多的全能型记者。全能型记者需要熟练地使用各种采访记录的专业工具，集采、写、编、拍、摄、录等多种专业技能于一身，这对于很多只具备单一专业技能的从业者来说都是非常大的挑战，因此他们没有信心胜任这样的工作，更没有信心去承受这份工作带来的压力和挑战。应对组织成员的不确定倾向，首先要解决思想和认知上的问题，对组织结构的转型，对自身专业技能、素养的提高要有正确的认知和把握。全能型记者并非一蹴而就，需要经过长时间的学习和实操经验的慢慢积累。只要我们树立强大的自信，不畏艰难，相信在传媒转型的过程中遇到的种种问题都能迎刃而解。对于编辑、记者而言，要努力将自己培养成一名全能型记者或编辑，用实际行动来打破对不确定因素的恐惧。事实上，新技术革命引发传媒格局发生深刻变革，传统报业正在经历着严重的冲击与剧烈的阵痛，同时也孕育着生机与活力，未来拥有无限的可能。作为新时代的传媒从业者，应该始终坚信成功终将会属于那些善于认识和把握规律、勇于探索的实践者（严俊和宋宣谕，2016）。

三、组织成员对已有组织文化的认同感强烈且持久，缺乏组织结构转型的意识

一个有价值的"组织形象"是由信念、价值观、象征等内容组成的文化系统。组织文化的认同是组织中的个体认为的关于组织核心、明确和持久的信念。这些信念随着时间的累积，会深深嵌入组织成员对组织特征的最根本的假设之中。因此当传媒集团、报纸编辑部预备实施重大的变革或调整之时，这些持久且强烈的信念感就会成为转型的阻力和障碍。组织结构的转型必然涉及组织文化的转型，组织的整体结构作为其"内核"决定着企业组织的具体形态。它处于一定的历史阶段中，并为一定的企业组织文化所包围。另外，文化作为历史的投影，反映着企业组织历史的变化，是企业组织历史的沉积。企业组织文化逐渐成为企业组织的"软体"，这也是现代企业发展中，企业软实力的重要象征。从组织成员的认知角度来说，日积月累的"企业文化"是一个企业长足发展的"内核"，不应该由于转型或变革而使其产生变化。从维护企业文化的角度来说，组织成员也会产生对组织结构变革的抵触情绪。

要让组织成员打破这种固有的信念感或价值观，就要重新认识企业组织文化的功能。企业组织文化主要有两种功能：内在整合与外在适应。外在的适应主要是企业组织文化应该如何适应来自外部环境的变化，这是文化适应性的具体表现。内在的整合主要指企业组织成员产生的一种集体的意识、信

念。这种内在的整合功能主要通过以下四个方面体现：第一，导向功能，企业组织文化能对企业组织整体和每个成员的价值取向及行为取向起到一定的导向作用，使之更加符合企业组织的目标。第二，约束功能，企业组织文化能对每个成员的思想、心理和行为起到约束和规范作用。这种约束和规范不是传统的制度式的"硬约束"，而是一种"软约束"。第三，凝聚功能，当一个企业组织的文化价值观为企业组织成员认同后，这种文化价值观就会成为一种黏合剂，从各个方面把企业组织团结起来，从而形成一种强大的凝聚力。第四，激励功能，企业组织文化具有使企业组织成员由内而外产生一种较为高昂的情绪，以及一种更为发奋进取的精神效应。为了适应组织整体结构转型的需要，对现有企业组织文化的内容与结构进行变革，可以达到通过改变文化的符号来改变文化的深层意义，尤其是改变那些根植于组织成员内心的最根本性假定，从而形成一种为企业组织成员所共享的，建立在过往企业文化内核之上的全新的价值观、信念和行为准则。报纸编辑部、传媒集团就是要形成一种既能适应外部传媒环境变化、要求又能促进内部组织整体结构运作的、全新的企业组织文化。这种企业组织文化的形成有着自己特定的过程与方式，我们通过一定的途径建立与组织整体结构相适应的新结构，并赋予组织文化新的内容，进而通过一定的方式将其固化，形成一种全新的、稳定的组织文化。通过组织的大量宣传与组织成员之间的广泛沟通和学习，新的组织文化能为组织成员所接受并认同，成为组织成员共享的价值观与行为准则，使组织成员形成一种全新的认知方式与行为方式，从而产生一种稳定的组织文化，更好地支撑组织整体结构的运作（傅平，2005b）。因此，不同的传媒机构都应尝试在媒体融合的背景下，结合传媒变革整体的态势和自身发展的实际情况，在过去媒体企业文化的基础上，形成一种全新的组织文化，指导、约束和规范组织成员管理层的思想及行为，积极投身媒体融合发展进程，发挥融合优势，使全媒体矩阵优势进一步凸现。

现阶段，我国仍有许多传媒集团的从业人员意识不到或者不能深入认识媒体融合给传媒集团带来的长远益处。这部分从业人员从思想上认为转型不是必需的，因此不愿意主动地、积极地投身于媒体转型或变革的洪流之中。通常来说，人对变革的抵制情绪会较为强烈，尤其当这场变革不被其正确地理解和认知时，人会出现认知失调，并产生一系列更为负面的情绪，比如焦虑、愤怒和恐惧。这种心理上的变化也是人追求稳定的人性特征使然。我们要认识到,任何转型都会同时带来积极和消极的影响,正因如此,传媒的管理层更应该首先认识到媒体组织结构转型的重要性,而且要通过各种渠道向组织成员疏通信息,使他们意识到转型的积极影响是大于消极影响的。我们绝不能因为担心转型会对目前的报纸编辑部或是传媒集团造成一定的消极影响就放弃变革。此外,在传统媒体的转型过程中,不少采编人员都转岗成了新媒体部门的运营人员。这种从传统的报纸编辑部转岗进入新媒体部门的从业者优势和劣势都较为明显:传统的报纸采编人员在运营上善于发挥创意,但在执行力上有所欠缺。因此,传统纸媒部门和新媒体部门之间的人员流动存在一定问题,容易造成传统媒体内部对运营部门专业性的一种忽视(陈昌凤,2015),这也是一种缺乏对组织结构转型有正确认识的表现,未来还有持续改进与提升的空间。在前面章节中,笔者曾提到美国纸媒在全球范围内较早地开始进行媒体融合的转型之路,在其组织变革的进程中,多数传媒集团的管理层认为纸媒转型发展首先应该是从业者的转型及其专业技能结构的优化。这种涉及人员的转型和优化又是从意识上首先发生改变的。为应对传媒转型的需要,美国各大纸媒优先聘用数字人才,同时积极加强对现有记者、编辑的媒体融合思维以及相关技能培训(余志华,2015),让员工传媒转型、组织结构转型等有较为清晰、准确的认知和把握。让每一名员工都能自觉地树立转型的思想和觉悟,这也是媒体融合时代传媒行业的从业者应该具备的能力和情怀。

另外,如果组织的薪酬系统是不鼓励冒险的,那么转型的过程也会面临一定阻力。组织员工会感到报纸编辑部组织结构的转型所带来的各项损失和影响较为严重。在纸媒转型发展的考核激励机制保障上,可以借鉴部分西方媒体的先进做法。比如在传统纸媒的采编流程中,对于记者、编辑而言,一篇新闻稿件的发表就意味着一篇新闻报道的终结。但是对于新兴网络媒体来说,"发表"是这篇新闻报道生命的开始,因为在后续的流程中还需要持续关注受众对报道阅读、分享、评论以及转发等方面的数据情况。因此对全媒体编辑部中的记者、编辑而言,考核的方式也需要进行调整,比如从考核发稿数、好稿量,到更关注用户量、阅读率、转发率、评论数等。美国纸媒对员工一般实行年度考核,平时没有规定记者固定的发稿数,也不计算记者的发稿量，不以发稿量来衡量记者是否称职。直接负责的领导会通过审阅稿件，根据记者的工作表现，受奖励、表彰的次数等，综合评判记者的优劣。年终各级主管聚集一起，为每名员工进行考核打分，考核结果分为明星、优秀、良好、一般四个等级。通过年终考核，对于表现好的员工给予晋升、加薪、奖励花红等物质激励。美国纸媒上述考核激励的方式与我国互联网企业中的考核激励模式较为相似，主要强调"目标管理"和"自我管理"，在人才使用上注重人岗相适、量材使用，这种管理制度和考核激励机制对国内传媒组织机构来说具有一定的参考价值（余志华，2015）。

第六章 中国报纸编辑部组织结构转型的原则、依据及整体思路

2014年被称为"中国媒体融合发展元年",同年8月18日,习近平总书记主持召开中央全面深化改革领导小组第四次会议,审议通过了《关于推动传统媒体和新兴媒体融合发展的指导意见》。此次会议的召开,标志着我国媒体融合已被正式提升至国家战略层面,对于我国全面深化改革、推进宣传文化领域改革的创新具有重要指导意义。2015年,"互联网+"的概念在政府工作报告中首次被提出,"互联网+"行动计划将为互联网与包括医疗、教育、物流、金融等在内的传统行业各个领域的融合发展提供更大的空间,未来将会培育更多的新兴产业和新兴业态。"互联网+"的提出,对我国社会、经济、文化、环境、资源和基础设施等方面产生了深远影响,也引领了创新驱动发展的"新常态",同时也标志着我国已正式将互联网思维提升至观念引导的战略地位。基于国家发展变革的大背景之下,一大批传统媒体顺应历史潮流,积极融入媒体深度融合的进程中,不断加快转型和调整的步伐。尤其是"互联网+"思维,这是一种以用户为中心的重构性思维。这种思维对传媒变革产生了重要的影响,受众不再是被动地接受新闻信息,而是主动对信息进行有针对性的选择,受众正在逐渐向"用户"的身份过渡。在创新思维的引领下,传媒组织结构转型也应该随着观念、业务和机制的转变进行及时的调整。在前面章节梳理的基础上,本章从报纸编辑部组织结构转型的原则、依据切入,进行详细阐述,并提出符合中国传媒整体转型的报纸编辑部组织结构优化的主要思路。

第一节 中国报纸编辑部组织结构转型的原则

中国报纸编辑部的组织结构于未来应该如何进一步转型?朝着怎样的

方向转型？在回答以上问题之前，一方面，应该准确把握当下中国传媒发展的主要特征，并循着报纸编辑部组织结构转型的原则，给予优化思路上的总体指导。需要明确的是，媒体转型绝不仅仅存在于传统媒体，新兴媒体也处在同样的转型路径之中。传统媒体在传播平台、表达方式、传播渠道等层面逐渐与新媒体趋于融合，形成"你中有我、我中有你"的传播格局。另一方面，新媒体也在新闻专业主义上不断向传统媒体靠拢和看齐。二者互为补充，相互借势，共同发展。本节笔者从当代媒体发展的整体态势出发，梳理并总结媒体发展的主要特征，为后续中国报纸编辑部组织结构的转型厘清优化思路。

一、当代媒体发展的主要特征

近年来，一种以媒体融合为突出特征的传媒新格局正在逐渐形成。在新的发展态势之下，新闻主体之间在发生着微妙的变化。"传""受"之间的高墙迅速瓦解，二者之间不再泾渭分明。曾经是新闻看客的受众逐渐从被动走向主动，从受众的角色逐渐转变成为用户的角色。此外，社会成员之间以更加平等、开放、交互以及共享等为特征的社交化、网络状的传播关系得以建立。面对变局，传媒从业者在思想领域面临一项迫切任务，即在一个新媒介影响愈发巨大的现实环境中，我们应当如何理解自身以及如何自处？解决这一问题的前提就是精准把握当代媒体的核心特征。

其一，新媒介不是工具和手段，而是另一种话语表达的结构性力量。按照流俗的观念，媒介的诞生属于"人造物"，媒介是人们进行信息传播的工具，是合乎目的的手段。对于这一观念，我们可以更加简单地理解为人是技术的主人，技术被人所控制和利用。然而技术的本质是它不仅强求物，更是直接"倒逼"人去执行某事以及思考具体的执行方式。鉴于此，我们需要探究的重点不是媒体融合怎样助力主流媒体的形塑，我们更应该重视新媒体的技术逻辑是如何倒逼我们实施传媒变革的。探究这一问题需要在与传统媒体的比较中深刻理解新媒体的本质属性。无论是活字印刷、报刊出版还是广播电视，与其对应的都是机构运作系统。但新媒体的出现打碎了原本体系化的传播系统，解放了远比机构更为基础的元素——个体的生产力，个体成为传播系统的基础单位。于是在传统媒体的体外，生长出一个全新的社会空间和价值空间。在这一全新的空间中，生产力被激活，交往关系被聚合，这是新媒介技术的内在逻辑要求，也是它对一切物和人形成的倒逼机制的由来。因此，将新媒体视为传统媒体价值和影响力的延伸，将传统媒体的内容改造后移至网站或移动端，借助微博、微信公众号和移动客户端等平台进行新闻内容分销，在传统媒体与新媒体之间形成一种话语表达的结构性力量。

其二，新媒体时代受众思维逐渐转化为用户思维。传统媒体时代，是以内容这一产品为中心来组织生产要素与发行系统的。在新媒体时代，任何人都握有生产工具和发布通道，用户生成内容（user-generated content，UGC）、专业生产内容（professionally-generated content，PGC）以及职业生产内容（occupationally-generated content，OGC）相互激荡，共同进行数字空间的内容生产。换言之，专业媒体的职业内容生产固然重要，但驱动数字空间的力量是多元的。首先，新媒介的进步主要依赖于技术驱动，同时大数据已逐渐演变成为新闻生产的核心资源。与数据相关的挖掘、统计与分析技术，使新媒介的技术驱动特征更加明显。其次，社交平台的发展逐渐登上历史舞台，社交平台已经超过搜索引擎成为互联网内容的主要入口。越来越多的人群通过社交平台获取新闻资讯，"无社交、不新闻"的社会化媒体时代已成为不争的现实。最后，移动互联已成为新的时代特征。移动互联网类似一个"数据信号塔"，用户在移动设备上的各种行为，都会产生源源不断的数据，这为媒体向用户提供个性化信息服务奠定了基础。"数据信号塔"将利用云计算，把地理数据作为关键变量，整合用户的兴趣、朋友关系等其他数据，为用户提供基于特定位置和情境的定制新闻和精准服务。需要强调的是，无论来自何种力量的驱动，最终都体现为以用户为中心，这也契合了新媒体时代受众思维逐渐转向用户思维的整体趋势。

其三，新闻不再是在场的告知，更是一种不在场的对话。过去对新闻这一概念的理解上，我们常被告知新闻是记者对新近的或者正在发生的事实的报道，这种报道是基于现场的新闻报道。面对新媒体时代，新闻不仅仅是一种在场的报道，更是一种不在场的时空对话。首先，新闻传播的范式从"守门"正在转向"守护"。前者确定了新闻从业者"把关人"的重要职业角色，当用户生成内容大行其道的今天，受众的角色也在悄然发生着变化。传统的新闻看客摇身一变，成为新闻信息的采集者、加工者、评论者以及传播者。

新闻从业者与用户开始携手合作，共同生产新闻。很多时候新闻从业者更像是一名专业的"图书管理员"，分类、整理和公布用户生产的新闻，并和用户之间展开对话，以便有效进行沟通和接受反馈。其次，新闻不单单是一种产品，更加强调新闻内容的生产过程。一般来说，传统媒体强调通过完整的新闻故事向公众展示一个井然有序的世界，新媒体则不同。对传统媒体而言，"发表"一篇新闻报道通常意味着此次报道的完结。但对于新媒体而言，"发表"是新闻报道生命的开始，在后续的流程中还会持续关注受众对报道阅读、分享、评论以及转发等数据情况。因此，在媒体深度融合的趋势之下，新闻从业者应该将新闻报道的刊播视作新闻生命的开始，并充分利用包括社交平台在内的各种数字渠道，让自己成为会话的发起人和引导者，使新闻在人与人之间不断流转，以适应数字平台交往的技术本性。

其四，媒体深度融合的趋向：人性化与人本主义。在传播学中，芝加哥学派将传播置于社会的中心，与把传播视作信息的传递和对公众的劝服不同的是，芝加哥学派认为正是传播才能使社会矗立不倒，传播的历史是所有历史的基础。一方面，传播媒介可以把人从时间、空间等束缚中解放出来。很显然，未来社会的发展中，对人的解放才是媒体融合持续发展的方向。通过人们获取信息方式的历史演变来看，从门户网站到搜索引擎，再到社交网络平台中主动分享信息，然后是移动端的信息推送，再到根据传感器获取用户需求甚至是心情数据，并在此基础上与用户进行精准互动，新媒体愈发智能化地、类人般地与用户建立连接。另一方面，新媒体的固有属性是社交，媒体融合的目标不是要建立人与内容之间的关系，而是期望建立起以人为中心的传播机制。人是关系中的人，人的世界是交往着的世界。媒介就好比人脑之外的另一个超级"外脑"，既是人类生物感知能力的延伸，也是人类思想的物质载体。一切媒介的性能将会逐渐走向人性化的发展方向。综上所述，在进行报纸编辑部组织结构调整时，需要充分认识、把握当代媒体发展的主要特征，并以此为依据进一步指导我们在媒体深度融合上所持有的思想观念的转变。

二、报纸编辑部组织结构转型的基本原则

对当代媒体发展主要特征的梳理，有助于我们进一步厘清报纸编辑部组

织结构转型必须遵循的基本原则。

第一，组织结构是一定经济关系和社会关系的反映，要充分适应影响报纸编辑部组织结构转型的外部环境的变化因素，包括技术、政治、经济、文化等。报纸编辑部组织结构的转型，包括传媒集团组织结构的转型，无论是现在还是未来都需要适应数字技术的不断更新升级。数字传播技术对于传媒行业来说是影响最为重要的因素之一。正是技术的革新才会使传统媒体为了应对数字化浪潮的冲击进行大刀阔斧的改革。正如第四章所提到的我国报纸编辑部组织结构转型的动因中，很重要的一点就是数字传播技术在报纸内容生产领域的应用。新的数字传播技术在报纸内容生产领域的不断突破，也迫切要求报纸编辑部从组织结构、生产流程、平台终端等各方面进行转型和重构。尤其是媒体深度融合的进程下，报纸编辑部在内容生产上亟须采用新的编辑集成系统，这种全新的编辑集成系统就是建立在对数字编辑技术、数字网络技术、数字存储技术以及数字表现技术等基础上的。传统报纸编辑部的组织结构已不能和技术视野下的编辑部转型战略相匹配。只有从组织结构上进行彻底的重构和转型，合并、裁撤部分部门，或是新建某些部门，才能最大限度地调动记者、编辑的能动性，并运用新的数字传播技术更好地与新媒介进行融合，生产出适合不同平台终端输出的、针对用户个性化需求的内容产品。与报纸编辑关系最紧密的数字传播技术就是数字编辑技术，这也是报纸编辑部组织结构转型来自技术层面的动因。其次，传媒变革是一场全球化的革命，在各个国家的传媒行业中正在上演。由于不同的国家在政治、经济、文化等领域存在巨大差异，而对传媒转型的战略制定一定要立足本国国情，结合媒体发展实际实施优化策略，因此，在对报纸编辑部组织结构转型的设计中，要充分考虑政治、经济以及文化上的因素对其产生的影响。尤其是目前我国报纸编辑部在组织结构的转型中存在诸多问题，这些问题背后的深层原因与我国文化体制、政治、经济等因素密不可分。在实现报纸编辑部组织结构转型的同时，一定要充分考虑到外部环境中的各个变量，并根据这些因素对报纸编辑部的组织结构进行灵活、机动的调整。

第二，报纸编辑部的组织结构转型要配合流程再造，实现报业采编业务流程重组。业务流程重组（business process reengineering，BPR）这一概念源于管理学。业务流程重组就是对企业的业务流程进行根本性的再思考和彻底性的再设计，其核心在于打破传统的职能型组织结构（function-organization structure），建立全新的过程型组织结构（process oriented organization structure），从而实现企业经营在成本、质量、服务等方面的改善。传统媒体要想同新媒体更好地产生融合，实现多媒体融合报道，其传统的采编流程一定需要有所调整，而采编业务的流程重组又是立足于报业组织的结构转型（巢乃鹏和刘欣，2012）。媒体融合自诞生之日起，其每一步的发展变革都会直接影响新闻内容的生产流程，而基于媒体融合背景所诞生的融合新闻生产流程，又具备与传统媒体新闻生产流程不同的优势。报纸、广播及电视等传统媒体的新闻生产流程大致如下。首先，报纸编辑部会挑选一批骨干力量，包含记者、编辑等组成采编队伍，负责对新闻稿件进行采、写、编、摄、录、导、播等各项工作。其次，传统媒体中的经营部门除了对新闻商品进行售卖之外，比如报纸、杂志等，还会利用广告商的广告投放赚取利润。我们再来对比一下媒体融合进程下的新闻生产流程：融合新闻生产流程中所生产出的新闻产品可以进行二次、三次甚至多次的深加工，而传统媒体新闻生产流程中所生产的新闻产品大都属于一次性的新闻产品。融合新闻生产流程是一个经过添加、转换、变形和再利用的复杂的生产和消费的过程。更重要的是，融合媒体生产流程下的新闻产品是可以储存起来作为信息资源不断地进行重组、整合的。较传统媒体的新闻流程而言，融合新闻生产流程最大的优势在于更加灵活、更能够准确地反映出融合新闻的生产需求（邵鹏，2013）。

第三，报纸编辑部的组织结构转型要与传媒集团的既定战略相匹配。一个企业组织结构的调整并不仅仅是为了调整结构而调整，其实质是为了寻找与现有的发展战略更加匹配和契合的组织结构。当一个企业所遇到的环境变化是细微的，不会影响企业全局发展的时候，可以在局部适度地进行微调。一旦这种环境的变化是巨大的、对企业的发展将产生较为重大影响的时候，局部微调已不能从根本上解决问题了，此时应该从关键部门入手并逐渐深入，进而放眼全局进行转型和变革。传统报媒遭遇到数字技术洪流的冲击，原有的组织架构已经不能顺应数字时代的潮流。那么与转型的传媒组织相匹配的传媒的组织结构也应该随之调整和变化，使组织行为效用最大化。传媒行业实施媒体融合的数字化战略变革，从根本上还是要在新媒体的冲击下力挽狂澜，借助新媒体具备的多种功能，尤其是技术上的强大功能，形成合力并进一步激发出传统媒体的核心优势，实现价值输出的最大化。不论是新媒体还是传统媒体，无论未来数字传播技术怎样发展，内容生产仍旧是决定媒体核心竞争力的重要因素。报纸编辑部作为内容生产的核心部门，其组织结构的转型才能在最大限度地实现报业的整体转型。因此，报纸编辑部组织结构的转型对于报业的组织结构转型是具有一定兼容性的。进一步说，报业的组织结构转型对整个传媒集团的组织结构转型同样具有兼容性。由此看来，为了保证媒体深度融合下报业转型的战略在我国能够有效地、持续地推进并取得较为突出的成效，就必须建立一个与之相匹配的组织结构作为坚实的后盾和基础。

第二节　中国报纸编辑部组织结构转型的依据

中国报纸编辑部组织结构转型除了要遵循上述三个主要的原则，从宏观上把握报纸编辑部组织结构变革的前进道路，还要从组织结构设计的六要素着手，这也是报纸编辑部组织结构转型的重要依据。工作专门化、部门化、指挥链、控制跨度、集权与分权以及正规化，是设计组织结构时必须考虑的重要因素。本节将结合组织结构设计的六要素，进一步明晰中国报纸编辑部组织结构转型的主要思路。

要素一：工作专门化（work specialization）。主要是指把活动分解成相互独立的工作岗位的时候，应该具体怎样细化，且细化到何种程度。工作专门化是用来描述组织中的工作活动分解成单独的工作岗位的程度的。用一句话高度概括工作专门化的本质就是将工作分解为若干步骤，关键在于每个人是专门从事这一工作活动的一部分，并非一个人完成全部的工作流程。因此，工作专门化旨在强调团队中的分工协作、各司其职的重要性。早期在工业化较为发达的国家中，管理层普遍认为工作专门化能够最大限度地提高员工的技能并且提高工作的效率，使企业能够获得最大的利润与效益。而且在当时的历史背景下，工作专门化只需要培养不同的员工进行各自工种的学习，学成后就自己所学领域进行简单的、机械化的重复劳动。将工作专门化这一要素运用在报纸编辑部组织结构的设计之中，就需要有所选择地吸收和借鉴。

一方面应该加强个体成员对于自身工作辖区的业务技能水平,让自己的专业技能更加精进;另一方面基于媒体深度融合的要求,也要不断促进自己朝着"一专多能"的方向迈进。在报纸编辑部组织结构的转型中,我们需考虑到新的组织结构下具体设置哪些部门,是按照功能划分报纸编辑部的各个部门,还是按照报纸的具体版块来进行设置;每个部门下又需要设置哪些岗位,这些工作岗位是否从真正意义上体现了工作专门化,等等。对于记者或者编辑而言,他们除了对自己领域内的相关工作非常熟悉、以较低的生产成本为各自的版块输送最大利益外,还应该不断尝试为其他相关版块提供有价值的新闻素材和信息产品,达到互相协作的目的,在过去理解的工作专门化的基础上再进一步。

要素二:部门化(departmentalization)。部门化是对工作岗位进行组织的基础,通过工作专门化划分工作岗位后,还需要对这些细分的岗位进行组合,以协调、整合相同或类似的工作任务。部门化要解决的核心问题是对工作岗位进行组合的基础到底是什么。部门化将工作岗位进行组合大致包括以下四类:首先是根据部门所从事的职能进行组合,其次是根据组织提供的产品或者服务类型进行组合,再次可以针对流程进行各部门之间的整合,最后还可以根据顾客的类型进一步优化。以上四种部门化类型的组合都各具优势,比如按照职能进行部门化可以增强对绩效所需承担的责任,在组织内部权责就会更加明晰。按照流程进行部门化的优势在于服务和产品在需要分步骤进行的时候,每一个部门都有各自流程,且在各自流程中具有自己的职能,简单来说就是"各司其职"。如果根据客户的类型进行部门化,这种划分方式的优点在于可以对客户进行重组和精准定位,为不同的客户提供多元化的资源配置以满足客户个性化的信息需求。在报纸编辑部组织结构的转型中,通过职能、流程以及客户的个性化需求进行组织结构的调整和改革是非常具有借鉴意义的。传统媒体和新媒体可以根据自身介质的特点和属性进行职能上的区分;在划分具体的职能部门之后,根据不同职能部门的要求进行生产流程上的细分;最后通过不同媒介平台生产出的新闻产品会根据用户的个性化需求进行有针对性的传播。

要素三:指挥链(chain of command)。指挥链是一条从组织最高层贯穿到最基层、明确规定谁向谁汇报工作的不间断的职权线。指挥链在组织结构设计中的核心作用是当出现问题时，应该"找谁解决"或者明确"我对谁负责"。实际上就是各个组织结构、部门之间权责明晰的问题。例如，在报纸编辑部的组织结构中，每一个部门都设立一名管理者作为该部门的负责人。该管理者被授予一定职权，其下属员工都在其指挥管辖下进行日常工作。无论在报纸编辑部，还是在传媒集团内部，当管理者决定如何更好地设计组织结构时，应该充分考虑指挥链的意义和作用。虽然在媒体融合的时代进程中，组织结构更加趋于扁平化、柔性化和无边界化，但强化指挥链的作用还是能够有助于在某种程度上提高组织的生产效率。在报纸编辑部的组织结构中，无论是常态化的日常新闻报道工作，还是突发性事件的新闻报道，不管是作为个体的员工还是群体员工，在遇到亟待解决问题的时候应该向谁进行汇报或请示，这就是指挥链在编辑部组织结构设计中重要的一环。只有建立起更加清晰、规范、合理的权责制度，才能从制度层面进一步完善编辑部的整体转型和变革。

要素四：控制跨度（span of control）。一名管理者可以有效率、有效果地领导多少名员工，这是控制跨度需要解决的问题。简单来说，就是身为一个领导者可以直接管辖的人数，也被称为管理跨度。在设计组织结构中，我们需要仔细斟酌控制跨度的问题，因为一个管理者直接管辖的人数不可能无限制地扩大。如果被管理的人数过多，就有可能导致领导者顾此失彼，无法兼顾，直接影响决策和管理的质量和时效。反之，如果直接管辖的人数太少，又会增加管理层级，直接影响组织内部信息的传递和工作效率，并且会增加管理的成本，不符合现代企业精简与节约的发展原则。因此，在确定一个领导者控制跨度之前，需要慎重考虑以下因素。首先，要考虑管理者自身的素质和能力。包括智力因素和非智力因素两个方面，涉及知识、能力、经验、身体状况等。其次，需考虑管理对象的性质。如果工作性质相对单纯、联系面不复杂，在控制跨度上可以考虑增大一些，反之就需要减少。再次，要考虑工作人员的知识、经验、能力的各项指标。工作能力的强弱、专业素养的高低也会对控制跨度的设计造成影响。最后，要结合企业的发展状况和实力储备，从管理技术和管理环境上综合考量。比如现代化办公自动化程度如何、组织环境的优化程度如何等。延伸到报纸编辑部的组织结构中，总编辑、副总编辑等管理层，其下直接管辖员工的数量都需要根据传媒集团的实际情况综合考量。在进行管理跨度的设计时，需要充分考虑总编辑、副总编辑自身的素质和能力，最重要的是其是否能够准确把握媒体融合的发展思路，是否对报纸编辑部、报业组织、传媒集团的转型具有准确的认知等，此外还需结合媒体自身的"硬软件"实力，深入了解并掌握传媒从业者的知识储备、专业技能、媒介素养等情况，以及传媒集团在核心技术层面的发展状况，以上都是在进行报纸编辑部组织结构设计时需要考虑的核心要素。

要素五：集权与分权。集权（centralization）指的是组织的决策权集中于一点的程度，分权与集权是截然相反的，分权（decentralization）是组织把决策权下放给最接近实际行动的管理者。在集权组织中，高层管理者做出所有的决策，基层管理者只负责执行高层管理者的各项决策。近年来，管理者一直致力于使组织变得更加灵活以及能够快速应对外界的各种变化。这种发展态势将组织管理的决策权逐渐下放给基层管理者，因为他们更接近实际行动，且通常比高层管理者更了解问题的真相。在报纸编辑部的组织结构中，权力一般来说都集中在总编辑身上，在前面章节中也已经提到，总编辑是报纸编辑部的最高领导者，对整个编辑部的运作具有最高决策权。一般情况下，总编辑在召开编前会或是采编会之后，下属各部门的管理者负责将总编辑的要求和任务下达至各部门，再由具体的记者、编辑进行任务分工，从新闻策划到新闻生产展开业务层面的操作，这是报纸编辑部常态化的工作日常。当遇到重大新闻、突发事件时，总编辑会根据新闻事件的紧急程度、重要性等，将自己的权力下放，甚至有时会将这种权力赋予一线的记者、编辑。究其核心原因，是记者和编辑作为采编一线的工作人员，他们比领导层更加客观、全面地了解事件的来龙去脉以及现场状况。分权的目的就是让基层的工作者能够减少层层向上汇报、请示的工作流程，提升新闻报道的时效性，更加顺畅地完成既定任务。

要素六：正规化（formalization）。正规化是一种符合正式规范与特定标准的模式或状态。无论是在组织内部还是在不同组织之间，正规化程度都存在很大差别。比如在社会各行各业中，部分工作的正规化程度相对较低。一家公司的销售代表向潜在客户推销本公司新出的产品，他们的工作自由权限就比较大。他们使用的推销用语不要求整齐划一，对他们的要求不过是每周交一次销售报告，并对新产品提一些建议。报纸编辑部作为新闻核心内容的生产部门，内容质量直接影响新闻产品的销售，也直接影响一家媒体的竞争力、影响力和公信力。因此正规化要素的设计在报纸编辑部、传媒集团的组织结构设计中是非常重要的一环。例如，前面章节多次提到的不同的媒体组织设立的考评制度，就是正规化管理的集中体现。笔者经调查发现，中国大部分的媒体机构都会根据组织的实际情况设立适合自己员工发展、晋升的考评制度，并且考评制度并非一成不变，其具体细则会随着报业组织的变革、转型产生不同程度的调整。只有严格按照考评制度，对员工的工作进行客观、公正的评判，做到赏罚分明，员工在报纸编辑部甚至是整个传媒集团的转型中才会持续保持较高的热情，编辑部、传媒集团才会充满生机并彰显出管理层面上的规范、严格、公平、公正。正所谓"无规矩不成方圆"，考评制度或者是其他规章制度等对报纸编辑部的正规化管理是必需且至关重要的。

第三节　中国报纸编辑部组织结构转型的整体思路

进入互联网时代，意味着我们进入了一个全新的"高维媒介"时代。互联网比我们过去所面对的传统媒介都多出了一个维度，生长出一个新的社会空间、运作空间和价值空间。因此，传统媒介的运作和管理方式难以适应高维媒介的发展。尤其对于当下的报纸编辑部而言，其组织结构亟待在高维媒介的发展态势下调整转型。通过从媒体融合对报纸编辑部组织结构的影响，报纸编辑部组织结构的转型现状、存在的问题、动因等层面的具体分析，以及报纸编辑部组织结构设计的主要依据和原则的梳理，笔者提出在媒体融合下报纸编辑部组织结构的转型，实质上是一种融合新闻生产组织结构的设计和实施。融合新闻生产的发展，对于报纸编辑部的内容建设而言是报业转型所需和必然的进程。对于报业组织而言，媒体融合会走向最终的形态融合，融合新闻生产的组织结构与未来的融合趋势也较为契合。在媒体融合的语境下，当下的融合新闻生产呈现出了"四无"态势，这也为编辑部组织结构转型提供了思路。本节将分别从融合新闻生产的特点、融合新闻生产组织结构的特点以及融合新闻生产中的学习型编辑组织结构展开详细论述。

一、融合新闻生产的特点

融合新闻生产的特点较为突出，主要具备"多元化""无明显边界""无预知后果"这三个显著特点（邵鹏，2013）。

第一，融合新闻生产"多元化"的特点，其本质在于数字传播技术的高度发展，导致目前信息传播的门槛降低，互联网缔造了"人人都拥有麦克风"的网络时代。网络传播技术的大力发展为用户提供了参与和传播的平台，也就是通常所指的"自媒体"。首先，网络传播的准入门槛相比传统媒体的专业化程度是比较低的，部分自媒体在内容生产的质量把控上有待提高。正是由于在网络传播技术发展初期，其准入门槛较低，网络上虚假信息泛滥，网络传播的权威性也因此受到严重的质疑。受众在网络传播中也充当了重要角色，受众在向传播者的身份转变的过程中，缺乏专业指导和训练，导致虚假信息加速传播。当然，互联网并非"法外之地"，营造清朗网络空间正在持续、有力地推进。其次，不同的受众其媒介素养也是参差不齐的。他们不像专业的新闻从业者那样受过严格的、专业的技能训练，也不能像专业的新闻从业者那样具备较好的职业操守、媒介素养以及职业道德。这也是虚假新闻充斥网络、内容生产质量大打折扣的重要原因。因此，这种"无权威化"成为融合新闻的重要特点之一。网络传播是一种"多向交叉"的网状模式，这一点与传统媒介的传播模式是有很大差异的。网络传播中，受众不再被动地接受信息，受众的角色逐渐向用户甚至是传播者的身份转变，融合新闻生产呈现出"多元化"的特点。

第二，融合新闻生产"无明显边界"特点。互联网将世界联系在一起成为地球村，这种变革使原有的媒介边界逐渐模糊。网络传播时代，传播者也可以扮演受众的角色，而受众也逐渐演变成为传播者的角色。原本泾渭分明的二者开始相互交织，网络传播相较于传统传播拥有更加自由的传播特点。媒介与媒介之间的边界也开始模糊，当媒介融合诞生之时，传统媒体和新媒体之间就开启了一场演进之路，从媒介竞合到媒介整合再到如今的媒体融合，传统媒介和以网络为主导的新媒介走上了一条相互借鉴、相互渗透以及相互交叉的融合之路。

第三，融合新闻生产的"无预知后果"。传统媒体进行新闻报道时，对一则新闻属于正面报道还是负面报道、这篇新闻报道将会产生何传播效果等问题，是很容易进行预判的。但在网络传播的时代里，表面上看一则积极的、正面的新闻报道，在特殊的语境下，往往会产生意想不到的负面效果。这也就是为什么在网络传播的场域中，常常出现舆论反转的新闻现象。新闻传播的效果呈现出一种未知的状态，这就是融合新闻生产"无预知后果"的特点。

二、融合新闻生产组织结构的特点

通过对我国报纸编辑部组织结构现状及问题的梳理，笔者认为报纸编辑部在现阶段还会继续保持各自现有的组织结构，并不会有太大的变动和调整。但媒体融合最终将走向一个"全媒体大汇流"的趋势，"大媒体"或将成为未来的主流媒体，融合新闻生产组织结构正是基于以上的考虑进行设计的。首先，它应该打破传统事业部制、层级式的组织结构类型。其次，还应根据报业运行的流程和构建融合新闻产业链的要求来进行设计。最后，融合新闻生产组织结构应该更有利于信息共享、一次采集、整合利用和多次发布，以期实现新闻资源开发的最大化。因此，融合新闻生产组织结构应该具备以下特点。

第一，组织结构扁平化。扁平化的目的是适应组织环境日益复杂多变的挑战所提出的组织结构的特性。扁平化的组织结构进行顺畅运作通常需要两个重要条件：一是现代信息处理和传输技术的巨大进步，使人们能够对大量复杂信息进行快捷而及时地处理。最直接的影响就是能够大幅度缩减原有进行信息处理和传输的中间管理层级。以现代计算机技术为基础的网络技术使企业内部的各部门、各岗位之间，经由一张四通八达的信息网紧密联系起来。企业的每一名员工都能通过网络系统获得企业内与自己业务相关的资讯信息，这样就减少了许多不必要的企业内部数据和报表的工作，降低了工作成本又提高了工作效率。并且在某些部分中，打破了过去层层向上的组织层级，使基层工作人员与管理层之间的沟通更加顺畅，信息更加对称。二是从个体的角度来说，组织成员独立工作的能力得到提高，管理者尝试分权管理，权责制度更加明晰。一线员工也需要在工作中承担起一定责任，从而反向提升了员工工作的积极性和责任感。普通员工与管理者、下级管理者与上级管理者之间，由过去较为传统的被动执行者和发号施令者的关系正逐渐转变为一种新型的团队成员之间的关系。

第二，组织边界模糊化。融合新闻生产组织结构的未来走向趋于一种无边界化的态势，因此无边界的组织结构设计在编辑部组织结构调整中是很有必要的。无边界组织是一种组织边界不由某种预先设定的结构所限定或定义的组织结构。从实际改革中对"无边界"的理解，主要包括编辑部实体结构的无边界以及组织架构上的无边界两种层面。在之前的章节中曾提到西方国家有部分报纸编辑部在组织无边界化上做得比较成功，它们在媒体融合的进程中，首先就从报社内部的实体结构进行改造。英国的《每日电讯报》(*The Daily Telegram*)，其"中央辐射型"办公室的构建就是编辑部在实体结构层面打破原有的建筑框架，向无边界组织结构转型。在这个开放式的办公室里，一张位于最中央位置的桌子就是各部门核心领导者的工作区域。各部门的工作人员以这个核心区域为圆心，呈辐射状依次排开。纵向排开的直线上为一个编辑部门，负责自己的版块工作。同一弧线上的人分管新闻产品的内容生产、版面设计等。这种办公室的结构布局打破了实体结构的壁垒，提高了工作人员信息沟通的速度，降低了沟通成本，对工作效率的提高和新闻产品质量的提升均起到了良性的助推作用。目前国内的报纸编辑部在无边界的组织结构上也做出了不同程度的探索，主要从编辑部的组织架构的设计上体现出无边界的特点。管理者不再依据过去职能部门的组织框架开展日常工作，而是通过跨职能团队围绕工作流程开展工作，组织的纵向边界逐渐模糊，组织结构呈现出扁平化管理的态势。无边界的组织结构是相对于有边界的组织结构而言的，因此无边界的组织结构也同样需要稳定性和呈现度。创建无边界组织结构绝不是要完全否定一个企业组织必要的控制手段的框架体系，比如工作分析、岗位定级、职责权力等，而是不把这些具体的问题僵化处理。就纵向关系而言，各个层级以及各种头衔人员之间的界限已被打破，垂直上下之间的界限不再僵化，而是变得更加富有弹性，从而有助于更快、更好地决策和实施行动，也有利于组织更加便捷地从各管理层级的人员中获取相关的知识信息和创新灵感。从横向来看，各职能部门不再是"各自为政"，部门之间开始相互渗透、融合；地点、文化、市场的边界都逐一被打破（刘松博和龙静，2009）。

三、融合新闻生产中的学习型编辑组织结构

当今社会是以知识为基础的经济市场，它对组织管理的理念与方式带来了革命性的影响。在知识经济时代，管理者必须营造一种新的组织环境来开发、利用和传播知识这一新的竞争性资产。知识经济的灵魂正是变革与创新，如何促进知识生产、扩散、流动和创新，创造一种新的文化，激励员工有效交流与沟通，建立学习型组织，从而充分发挥人的创造力，成为组织管理和改革的核心命题。创造一个良好的组织生态环境，建立一个对内更加开放的、便于员工之间交流的知识平台，消除知识在流通过程中的扭曲，实现知识的自由交流等一系列的行为，都需要一种新的思维方式和管理方式。学习型组织（learning organization）是通过制度性的安排，有意识地激发组织成员共同学习的自觉性，以不断提升其智能的一种组织形式。这种组织形式的优势在于能在发展中形成持续的适应能力和变革能力。学习型组织包括五项基本要素：建立共同愿景、团队学习、改变心智模式、自我超越和系统思考。学习型组织的诞生顺应了全球化和信息化的发展要求，其内涵十分丰富：首先，它在制度上不同于传统组织，在组织文化上对传统组织又有所超越；其次，学习型组织源于组织学习但不限于学习书本知识，还包括对组织与经验的共享；再次，该组织形式以更加广义的绩效为中心，强调组织对成员、环境和整个世界的责任；最后，这一组织结构具有更加开放、多元和信任的组织文化，因此这种组织内部更加注重的是通过成员之间的共同愿景产生对各成员的激励。学习型组织结构具有以下较为突出的特点：第一，结构扁平化，拥有一个尽可能"平面"的组织；第二，组织无边界化，以柔性组织结构模式代替刚性模式；第三，组织多元化，根据具体环境及组织目标构建不同的组织结构，目标决定战略，战略决定结构。

由此可以看出，学习型组织结构不仅具备融合新闻生产组织结构扁平化、无边界化的特点，其组织形式的内涵与融合新闻生产组织的发展要求高度契合。在报纸编辑部组织结构转型中，融入学习型组织结构的优化思路，对推进报业内部的媒体融合将发挥积极的作用。学习型组织通常拥有某种强文化，且其文化特征是鼓励变革和适应。第一，学习型组织的整体是重于局部的，部门间的边界尽可能弱化。在学习型组织中，各个部门都会考虑其部

门自身的行动可能会给其他部门造成或产生何种影响。以报纸编辑部的组织结构来看，组织结构的转型会给编辑部带来一股新的气象，但编辑部的内部仍旧存在一定的亚文化现象，员工也存在不同程度上亚健康的问题。尽管如此，每一个部门的基本态度和行为还是会反映出编辑部这个组织的主体文化。无论是在传统纸媒里长期工作的资深记者、编辑，还是在新媒体中摸爬滚打的全能型记者，他们之间在业务运行的层面会产生自由的流动。他们的思想、信息无时无刻不在进行着交流、交换，尤其是对于在新闻生产中积累的知识储备、经历体验的分享等。这些都会促进一个报业组织内部传统编辑部和新媒体编辑部之间的协调和融合，以及一种可持续的学习。第二，将平等作为主要的价值观。学习型组织，应该为员工创造能够充分发挥其优势和特点的平台，以此激发员工各自的潜能。在融合新闻生产的编辑部里，大部分的记者都逐渐向"全能型记者"转变，但在转变的过程中不能"顾此失彼"，不能丢掉自身的优势。这就需要在学习的过程中有所侧重，应该加强对自身优势领域和技能素养的提升。"全能型记者"的工作压力、工作强度、工作任务、工作时长都会比传统的记者要高出许多倍。一个学习型的报纸编辑部的创建，能够为这些记者、编辑等媒体从业者提供转型和优化的条件及保障。让他们勇于接受新事物、勇于走在创新和转型的前列、勇于承担责任，造就传媒的公信力。借助转型的东风，尽量消除散漫、消极的工作状态和气氛，营造一种积极向上、清新爽朗的编辑部氛围。从外部环境上进行调整，以此改变对个体的心理状态的影响。第三，鼓励员工富有冒险、挑战和变革的精神以及不断改进的组织文化。学习型组织的一个最基本的价值观就是要激发员工对于现状的质疑，学习型组织中的员工都应该极具创新的头脑和勇于冒险、挑战的精神。在学习型组织中，对那些富有冒险精神、勇于挑战自我、勇于对现状大胆质疑的成员应该给予褒奖，对于那些还在努力中甚至是犹豫变革的成员也要给予肯定和鼓励。学习型组织正是要培养成员的这种敢于挑战和创新的精神，以及敢于否定自我、否定现状的气魄与胆量。这也是新时代下对新闻工作者在职业道德和品质上的一种更高的要求，即胆识。一位优秀的新闻工作者不应该满足于现状，更不应故步自封。既要有胆量、勇气、魄力，也要有丰富的学识、经验。总的来说，学习型组织是通过不断弥补缺陷、修正错误使自身得以更加完善的组织结构。这种组织结构具有持续的、稳定的、积极的学习能力，能够极大地激发报纸编辑部的个体成员的主观能动性。从个体的转型和优化去推动组织层面的转型和变革（刘松博和龙静，2009）。

结　　语

　　本书以报纸编辑部作为研究对象，从媒体融合研究的进路和报纸编辑部组织结构转型的主要路径开始梳理，深入分析了媒体融合对报纸编辑部组织结构的影响。在此基础之上，对中国报纸编辑部组织结构转型的动因、现状、存在的主要问题等逐一展开论述。最后，从报纸编辑部转型应遵循的原则、依据，提出融合新闻生产组织结构的发展思路。在本书的末尾，笔者将回顾媒介技术的发展历程并展望智媒时代下技术发展的前景，以期对媒体融合背景下新闻编辑业务发展趋势作出预判。

一、媒介技术发展与智媒时代的来临

　　这场媒体融合的变革是因技术洪流的冲击而起的，媒介技术的发展正是基于人类感官系统的不断延伸逐步演进的，这是由于人类对于信息的接受和表达是靠着大脑各种感官来完成的。原始的传播模式完全依靠人类的感官，所以无论从时间上还是空间上，传播力和传播效果都存在诸多局限。为了延长在时间上和空间上的传播力和传播效果，人类开始探索不同的技术。印刷术的发明进一步强化了书写媒介在记忆上的优势，报纸媒介的发展扩大了人类视觉可触及的范围，帮助人类大脑记忆和储存更多的信息；广播的诞生在信息记忆和视觉开发的基础上进一步提高了人类的听觉能力；电视媒介首次将视觉和听觉共同延伸。尽管各种技术在发展中不断地延伸人类的感官，但以某种单一感官为主的信息接收的模式是不足以支撑起信息传播的全景环境的。于是，能够同时延伸人类多种感官的传播技术——多媒体技术登上了新的历史舞台。多媒体技术并不是各种单一媒介简单的排列组合，而是根据不同媒介各自的属性规律进行有机的配合，并辅以时间和空间上的协调。

　　当前的传播变革主要基于两大创新基础：卫星传播与计算机。尽管新的科学技术并没有直接推动传播的发展，但新技术挖掘和开发了个人媒介制作的能力，拓宽了媒介的新领域。新的媒介技术在公共传播与个人传播之间、专业领域与业余领域之间起到了重要的桥梁作用。媒介环境、媒介生态正在一点点被新的媒介技术所改变，新的媒介环境也赋予了大众传播新的特征。新的变化在受众身上得到了充分的体现，广大的受众拥有了更多的媒介选择，从单向的、被动的使用媒介逐渐转向多元化地、更加主动地使用媒介（毕书清，2015）。值得强调的是，多媒体传播技术并非传播技术的终结，信息传播的完整性还有待进一步的探索和突破。未来传播技术的发展将建立在传播信息大融合、大汇流上，在现有基础上进一步实现综合感官的强化，受众要充分调动所有的感官来体验融合性的信息传播，要想在未来实现这样的传播方式必须依赖于传播技术的进一步提升和创新。首先，网络的带宽问题必须进一步解决，足够的带宽才能将大量的信源通过信道即时传播到信宿。其次，各种信息传播设备尽可能微型化，毕竟设备的存在会在一定程度上影响受众对于信息的接收。再次，软件系统是由系统软件、支撑软件和应用软件组成的支撑整个传播系统运行的计算机软件系统。软件系统的进步就是要从现有的计算机监视器中跳出，在未来发展成为虚拟化的软件系统。最后，由于受众的个人情绪、感觉各有不同，就要求传感设备能够准确地把握每一个不同的信息，走向传感系统个性化的道路（鲍立泉，2013）。回首媒介技术的演进之路，从最初的原始人际传播下生理感官融合到单媒体技术支撑下的媒介的感官分裂，再到多媒体技术支撑下的部分感官融合，最终将会走向融合媒体技术支撑下的融合媒介感官融合。目前数字媒介所带来的融合准确地说只是技术支撑下的部分感官融合，现下的多媒体技术还不足以涵盖感官的"全媒体"的特性。未来，数字媒介的发展将朝着感官"全媒体"的目标前进（毕书清，2015）。

我们对任何事物的发展都应该秉持着辩证、发展的眼光，虽然新的技术对传播媒介、信息传播产生了非常重要且积极的影响，但在此发展过程中暴露出的问题我们也不能回避。正视并解决这些问题，对于媒体融合的持续推进有着积极的助推作用。在数学中有一个非常抽象的概念叫作"信息熵"，一般将其理解为某种特定信息出现的概率。将"信息熵"这一概念引用到传播学当中，主要表示一种情境的不确定性和无组织性。一个系统或组织的"信息熵"数值越高，表示该系统或组织愈发混乱。反之，一个系统或组织稳定有序，那么它的"信息熵"也就越低。因此，我们可以把"信息熵"看作是系统或组织有序化程度的一个度量标准。从信息传播的角度来看，"信息熵"可以表示信息的价值。换言之，信息价值的高低是可以通过"信息熵"来衡量的。将"信息熵"与传播技术结合来看，新的传播技术会带来新的传播模式，新的传播模式一定也会带来各种新的社会问题。传播技术是一把"双刃剑"，它既可以推动媒体融合的深度发展，当然也会带来包括社会关系的逐渐淡漠、人际关系的逐渐丢失、虚假信息的愈发泛滥以及个人空间逐渐缩小等新的问题（鲍立泉，2013）。如何合理、有效地规避这些问题是未来我们需要重点关注以及努力探索的方向。

近年来，人工智能、VR、AR等关键词，不断刷新我们对新媒介的认知。新技术的爆发给媒体带来的更大的想象力和危机感——人工智能和媒体之间，到底有着怎样的未来？智媒时代距离我们是否遥远？判断是否进入智媒时代，可以从以下三个特征考量：第一，"万物皆媒"，过去的媒体是以人为主导的媒体，在不远的将来，机器以及各种智能物体都有可能"媒体化"，成为一种媒介。第二，人机合一，智能化的机器、智能物体与人的智慧相互融合，共同作用，构建新的媒体业务模式。第三，自我进化，人机合一的媒介是具有能够自我进化的强大功能的，机器洞察人心的能力、人对机器的驾驭能力是互为推进的。现如今，人工智能、物联网、VR、大数据、云计算、移动终端等不同的领域都在不同程度地尝试并推动智媒化的发展。这是因为当人工智能与媒体相遇后，会发生许多奇妙的"化学反应"。首先，人工智能落地到具体行业，需要丰富的数据化资源。其次，人工智能可以改造信息生产的全过程，并持续成长。最后，智媒化仍需要依赖互联网连接的升级，现实与虚拟两种环境、符号化环境与临场化环境之间的关系等，都会成为全新的服务拓展维度。升级之后的连接，就会呈现上述提到的"万物皆媒"的态势。关于人工智能和媒体之间的关系，可以进一步理解为一种重塑和共生的关系。因此，智媒时代也是一个传媒业边界逐渐消失、传媒行业格局重塑的新时代。人工智能、语义技术、物联网等，将重新塑造媒体的生产主体。媒体内容生产与技术革新之间，将是一个长期的互相学习、适配的过程；新技术带来的巨大压力将会刺激媒体从业者快速调整、进行自我转型与升级，并将在未来的内容生产场景中，逐步形成"人机协同"的和谐场景。

此外，智媒时代还将带来五大新闻变革：个性化新闻、机器写作、传感器新闻、临场化新闻以及分布式新闻，而这五大变革均与新闻的内容生产密切相关，影响着新闻业的各个环节，值得我们高度关注。个性化的新闻推送会经历三个时代：标签时代 1.0，这是基于用户和新闻内容进行精细化的标签匹配，最终实现从内容到用户的兴趣推荐与个性化分发；学习时代 2.0，在这个阶段里，通过升级的深度学习和强化学习的算法模型，机器可以自动自觉学习用户的行为爱好，对内容属性进行有效的识别，完成对新闻信息的精准匹配与分发；长期进化时代 3.0，这一阶段智能系统会对模型和算法继续升级和自主进化。届时，智能系统还会具备一种模糊连接的新能力，即具备"有边界的不确定性"。对于智媒时代个性化新闻推送的准确把握，有助于报纸编辑部在未来转型、变革的过程中，进一步提升现有的"用户思维"。机器写作目前正被广泛地运用，当下运用机器写作的新闻报道主要集中在财经类新闻、天气预报、体育赛事等数据性较强的事实类新闻报道。随着机器写作的产量快速增长，媒体从业者、受众等对机器写作也抱有一定的质疑，认为机器写作存在一定的语法错误、缺乏判断力和创造力、缺乏情感和个人风格等，是无法也不可能取代人脑写作的。此外，许多新闻聚合平台运用算法进行内容分发与推荐，在新闻传播过程中产生了传统媒体无法实现的效果，同时我们也要看到"信息茧房"的担忧和争议（蔡雯，2017）。对于机器写作来说，我们既要听到诸多质疑的声音，也要肯定机器写作对新闻工作者而言是一种全新的驱动力。智媒时代的第三大新闻变革是传感器新闻，传感器新闻是一种基于人的感官延伸，它突破了人身局限、提供多元数据并感知未来动向。主要操作方式是采集用户的心跳频率、脑电波状态、眼球运动轨迹等生理数据，收集的数据用于测量用户对于某些信息的反应状态，传感器新闻能够真实、精确地反映信息在个体的传播效果，为个性化定制新闻以及长远规划提供了可靠的数据。近几年关于传感器新闻的相关学术研究也逐渐成为热点。临场化新闻较电视直播的现场感更为切身，新技术将创造媒体受众与现场的新关系，使用户能够"进入现场"。新技术从两个方向推动新闻用户在新闻事件中的"临场感"和"进入感"：网络视频直播和 VR、AR 新闻。这种"身临其境"的观感与可穿戴设备密不可分，这种设备能够给受众带来直播中更真切的"第一人称视角"。分布式新闻是一种知识共享的成果。社交媒体的应用，使得新闻生产逐步趋向分布式方向发展，即多种主体共同参与某一个新闻话题或新闻事件的报道和讨论。专业媒体虽然不会被取代，但再也不是唯一进行信息传播的渠道。各种主体的资源发现与整合，报道任务的智能分配与报道过程中的协同合作，是分布式新闻发展的核心要素。分布式新闻带来的更大优势是更多资源能够被充分调动和共享。媒体是社会的连接组织，随着人工智能、大数据等技术的进步和发展，这样的连接会更为紧密。此外，大规模的协同合作将会陆续展开，协同合作的质量和效率也会明显提升。

我们要清晰地认识到智媒传播与其他传播形式的显著区别。首先，在信息丰富程度方面，智能传播适应的是信息过载的时代，信息严重过载将会带来信息传播的极大"噪音"，这就需要针对不同的受众提供更加精准的信息服务；其次，在传播模式方面，智能传播是多点对一点式的传播方式，即多个信息源对应一个用户；再次，在信息公开度方面，智能传播实现了传受双方两端的高度公开，很大程度上打破了信息的不对称；最后，在时效性和互动性方面，智能传播在信息和用户两端都更好地实现了及时性和互动性（郭全中，2019）。智能传播的发展，也促使传媒行业的生态进一步重构。传媒业生态包括四个关键维度：用户平台、新闻生产系统、新闻分发平台以及信息终端。这四个维度也在悄然发生着变化，且每一个维度发生变化都意味着将有更多的技术摄入。在未来的新闻生产生态下，从信息采集到加工制作的各个环节，都会令新闻生产环境发生剧烈的变化。参与主体除了人以外，机器与万物都可以成为信息的采集者和传播者。自媒体在新闻生产系统中的权重会日益加重，其媒介素养、创作质量也会逐步提升和优化。目前，传媒行业已经进入了机器辅助的阶段，该阶段最核心的变化是机器开始承担新闻内容个性化的分发任务。在人机协同的过程中，机器和媒体从业者将会共同完成新闻内容的发掘、采集、写作和传播的任务。"人机合一"在未来的发展趋势，越来越多的"机器"以不同的形式依附在我们的身体上，人与机器在融合中实现共同进化。"人"作为智力注入"机器"，"机器"又是"人"的一种智力延伸。面对终将到来的智媒时代，我们更应该在"人"与"机器"之间建立一种良性的责任机制。让"人机合一"能够不断助力媒体的融合和发展，不断推动传统媒体和新媒体之间的变革创新。有一点值得强调的是，在未来相当长的时间中，新闻业务运作并不可能完全交付于人工智能来完成。在机器、算法的背后，依然是人的价值观起着决定作用。由此可见，对于新闻工作者来说，如何利用好传播技术，通过人机协同进行新闻内容的生产和传播，如何更好地为受众服务，是未来亟待解决的新课题（蔡雯，2017）。

二、媒体融合背景下新闻编辑业务发展趋势

新型媒体在掌握信息技术方面占据了得天独厚的优势，而传统媒体在掌握信息资源方面仍具备核心竞争力，媒体融合的最终目的是希望在二者之间形成优势互补的态势和局面。传统媒体的核心竞争力在于手中的信息资源而并非信息技术，特别是在我国现有的国情和体制之下，以传统媒体为主导的有意识地吸纳新媒体进行报业转型，无疑比新媒体为主导的吸纳传统媒体进行转型的模式更具实际操作性和可行性。作为传统媒体代表的报纸媒介，在争夺全媒体转型的主动权和主导权的过程中，无论是外部条件还是内在实力，都具有其独有的优势。报业转型、传媒变革的成败关键在于传统媒体是否能转变思路，将自身优势成功转化，与新媒体优势互补的过程中实现报业的全媒体转型（李鹏，2012）。

现阶段，我国报业在转型过程中主要从客户关系、市场性质、业务重心、生产方式以及利润来源这五个方面发生了较大转变。第一，客户关系的转变，从"受众"到"用户"。新媒体技术的快速发展改变了传统媒体单向传播的模式，实现了"受众身份"向"用户身份"的转变。新媒体借助技术上的优势创造出一个传播的虚拟空间，并在此基础上提供了一个双向对等的传播平台。原有的"受众"不再是被动接收消息的一方，而是借助新媒体的技术平台转身成为主动传播信息的一方，成了可以和报业组织建立起一种合作关系的"用户"；第二，市场性质的转变，从"卖方市场"到"买方市场"。新媒体的出现彻底颠覆了信息的供给需求，其原因是信息的传播在信息技术和数字技术的平台上已不再受到传播数量、时间和空间的种种限制。大数据的时代，信息供给远远大于需求，报业的"买方市场"悄然成形。第三，业务重心的转变，从"内容为王"到"产品为王"。新媒体时代，是否能够满足受众的需求成为决定媒体能否持续地良性发展的关键因素。如果说在"内容

为王"的时代是报纸写什么，受众就看什么，那么在"产品为王"的时代是受众想看什么、需要什么，报纸就应该侧重报道什么。报业组织只有不断生产出不同的信息产品，才能满足当下受众需求个性化、专业化以及媒介使用碎片化的趋势。第四，生产方式的转变，从"规模经济"到"范围经济"。如今我们置身于网络时代，也是信息的"长尾时代"。传统的"规模经济"虽然能够继续维持运行，但已然不能较好地满足"长尾市场"的需求了。信息爆炸、受众需求的多样化正在呼唤"范围经济"的到来。报业转型需要激发报业组织的内在活力和潜力，结合媒介属性的特点、发挥媒介优势，从单一的生产销售的过程中继续衍生出更多不同类型的产品满足不同需求的用户。第五，利润来源的转变，从"广告市场"到"用户市场"。新媒体的兴起无疑对受众市场和广告市场都产生了巨大的冲击，受众市场和广告市场出现迅速缩水的现象，报业收入仅依靠广告市场难以支撑报业的全媒体转型。当"受众"向"用户"发生转变时，报业组织应该同时把转型的目光投向"用户市场"的开拓和挖掘。首先，报业的核心竞争力是其丰富的信息资源和强大的生产能力，这是许多以技术为发展优势的新媒体所不具备的；其次，报业组织必须进行市场细分，并进一步掌握各个目标客户群的不同需求以此进行准确的市场定位和市场占位；最后，报业组织能够为不同的客户群提供多样化且相关联的产品，开发出的信息产品应具备多次利用、重新组合、灵活多变的特点。报业转型对于"用户市场"的开拓旨在寻求利润来源的多元化，新的"用户市场"势必会带来新的广告市场，多渠道利润来源的并存才能使报业全媒体转型持续推进（张勤耘，2013）。

笔者在关于媒体融合及报纸编辑部转型相关研究的梳理中发现，学界针对传播领域已经发生、正在发生和即将发生的关键问题以及观点会直接影响到业界的具体操作和实施。但业界对学界的观点和理论进行贯彻或实施需要经历非常漫长且复杂的过程。这种转型和变革的实现并不是一蹴而就的。传媒集团、报业组织在进行转型、改革的过程中，哪怕只是踏出微小的一步，都需要经历长时间的反复的思考、论证和磋商。从我国报业转型的表象来看，许多传媒集团、报业组织并没有在变革举措上有"太大的动作"。实际上，业界每一步的转型举措和策略的实施都必须非常谨慎，正所谓"牵一发而动全身"。在上述关于影响报纸编辑部组织结构转型的外部因素中，笔者分析了技术、政治、经济、文化等来自传媒外部环境的主要因素,另外,由于不同的媒体组织自身的历史发展、媒体属性、"硬实力"和"软实力"各有不同,其在报业转型中所面临的挑战、风险以及问题都是有所差异的。因此,需要具体问题具体分析,不同的问题要通过不同的方式和路径来解决。这就再次强调了不是不需要转型,而是怎样转型的问题。数字媒介市场的竞争风险远远大于传统报业市场本身的竞争风险。任何轻视或者无视报业转型的艰巨性、复杂性和长期性的草率举措都会直接导致全媒体转型的战略成为泡影(吕尚彬,2009)。无论是已经展开报业转型探索且取得了一定成效的媒体组织,还是尚未取得显著成效的报业组织,它们勇于直面挑战,打破"报纸消亡论、寒冬论"的预言,并勇于在数字技术高速发展的时代始终走在创新前沿的种种精神本就值得肯定和鼓励。

在我国推进媒体深度融合发展的历程中,来自学界和业界的专家就我们已取得的成效作出了精辟的梳理和总结:很多媒体在体制机制调整中迈出新步伐,一批优秀新媒体产品逐步形成影响力,借助自有平台和社交平台聚拢海量用户,传统主流媒体生产出了"爆款"新媒体产品;近年来我国报业组织在持续的探索中充分证明,新闻媒体深耕的内容领域,在新的历史条件下通过不断创新,依然有着广阔的发展空间;传统主流媒体完全有条件、有能力用好互联网,拓展自身的传播力、影响力,并进一步提升自身的竞争力和公信力;推动融合发展符合新闻生产和传播规律,符合新闻舆论工作创新要求,也充分体现了以习近平同志为核心的党中央的高瞻远瞩。在看到成绩的同时,我们仍然要重点关注在报纸编辑部组织结构转型、传媒转型中产生的各种问题。融合发展的关键是"融为一体、合而为一"。要实现这一要求,目前还存在很大差距。在今后的发展过程中,还需要在以下几个方面持续发力:一是继续肩负"壮大主流思想舆论"的责任与担当。进行伟大斗争、建设伟大工程、推进伟大事业,实现伟大梦想,需要主流媒体始终从党和国家工作全局出发,做好新闻舆论工作,凝聚起全党全国各族人民团结奋进的最大共识。人在哪里,主流媒体的舆论阵地就应该在哪里。社会公众对主流媒体如何担当发展"推进器"、社会"黏合剂"、道德"风向标"充满期待。无论媒体融合怎样推进,弘扬主旋律,传播正能量的作用都不能削弱;无论媒体形态如何变化,不断巩固和壮大主流思想舆论的责任意识和职责担当都不能淡忘。作为主流媒体，须始终牢记使命，保持定力，承担起主流媒体应当承担的政治责任和社会责任。二是倡导"拥抱互联网"的视野与胸怀。推动融合发展的重要经验之一就是与互联网之间的"零距离"。尊重互联网的发展规律，把握互联网的特点，紧跟互联网技术前沿，把产品和用户作为融合发展的重中之重。面向未来，我们还须不断强化用户意识，了解用户、吸引用户、聚拢用户；不断更新产品观念，创新产品、优化产品；不断树立合作理念，同各类具有社会责任感的、优秀的互联网企业合作，吸收新技术、掌握新应用、构建新平台。三是始终保持"创新驱动"的勇气与智慧。当下，围绕内容生产和内容分发的两个环节，媒体正处于格局调整、逻辑更新、模式创新的时期。尤其作为主流媒体的从业人员，应始终秉持创新的理念。我们要坚持推进内容创新，用思想和创意统领互联网的最新技术以及新闻传播的最新方式。此外，还需坚持推进产品创新，运用专业选择和智能分发的各自优势，全面提升新媒体产品的用户体验。在推进业态创新的层面，还应重点建设全国移动新媒体聚合平台，聚焦同业态主流媒体的共享，吸引主流媒体和优质的自媒体加入其中，努力形成主流媒体主导的、体现社会责任和价值选择的优质内容生态。四是笃行"合而为一"的思路与举措。推进深度融合，建设新型主流媒体，实现"你就是我，我就是你"的融合态势，需要各方努力、接续奋斗。从媒体组织内部而言，一要讲务实，二要抓落实。务实就是要实事求是，不同媒体选择适合自身特点、符合自身实际的思路，不搞一哄而上、重复建设。落实就是要让看准的项目、确定的方案落到实处、产生实效。从媒体之间来看，一要讲共建，二要抓共享。比如部分项目可以持续推进共同建设、共同受益的良性循环，用尽可能少的成本，产生尽可能大的效用。

历史告诉我们，传统媒介绝不会寿终正寝。有可能消逝的是我们用以存取媒体内容的工具，即传播的载体。承载技术会因高速发展的数字技术被替代和抛弃，但是媒介的发展依旧持续演进（亨利·詹金斯，2012）。2005年报纸"拐点"出现，针对报纸的未来，人们作出各种揣测。国内外的许多学者都纷纷预言，报纸的消亡是肯定的，只是时间早晚的问题。从媒介演进的趋势来看，进入"拐点"就意味着报纸媒介进入了一个演进发展的新节点。在这个新的节点之上，"报"与"纸"进一步分离，"纸"的消亡与"报"

的数字化将成为未来报纸媒介演进的重要趋势。因此，我们有必要厘清一个思路，那就是所谓报纸的消亡论是针对传统报纸的概念而言的，是纸报的消亡而不是报纸的消亡，"纸"的消亡并不代表"报"的消亡。媒介的发展不论是纸质的，还是通过网络等其他载体进行传播都不是至关重要的，关键在于如何更好地与新媒介相融合，借新媒介发展的一臂之力发挥出报纸的强项，这才是未来报业组织发展所要继续思考和前进的方向（吕尚彬，2009）。新型主流媒体的建构已上升为国家战略，这是在当前传统媒体话语权受到新兴媒体巨大冲击的基础上，站在"巩固宣传思想文化阵地、壮大主流思想舆论"的诉求上提出来的。新型主流媒体可以来自传统媒体阵营，也可以来自新兴媒体阵营，只要能够正确表达国家话语、体现社会主义核心价值观、为人民群众喜闻乐见并具有足够影响力的媒体，都应该属于新型主流媒体的范畴。

此外，在媒体融合发展的过程中，传统媒体和新媒体的冲突地带中隐藏的融合文化也是未来不确定因素中的重要一环，且该因素的影响相较其他因素而言会更加长久。人类社会正迈进融合文化之中，显然，我们并没有做好足够的心理准备来迎接这种融合文化背后的复杂性和矛盾性。我们需要探索出一条能够更清晰地理解现在正在发生和变化着的事物的较为准确的思路和有效途径。我们必须清醒地意识到围绕在媒体融合周围的诸多不确定的因素并不会很快消失。我们需要给予一个传统媒体和新媒体融合模式较为长期的过渡和转型时间。从事传媒行业的人员可以通过重新协商与受众的关系来找寻当前所面临种种困境和问题的方法。受众受益于新的数字传播技术的辅助，占据了传统媒体和新媒体之间相交汇的那一部分空间，因而受众也提出了新的诉求，要求获得在文化中的参与权利（亨利·詹金斯，2012）。

通过本书对报纸编辑部组织结构转型的梳理，我们可以清晰地看到媒体融合的到来改变了新闻传播的格局。新闻的信源结构与新闻主体产生了巨大的变化；新闻媒体的组织结构与工作流程也伴随媒体融合的发展不断进行调整和改变；针对媒体用户个性化需求的新闻产品与信息服务愈发受到新闻从业者的重视。同时，我们也应该意识到，未来技术的发展仍将不断突破，新闻编辑业务的发展也会随着传播技术的革新继续深化。作为内容生产的核心部门，报纸编辑部仍将处于重要地位，记者、编辑等新闻从业者需不断更新思维，更加重视对用户数据的应用，总结用户媒体使用习惯和兴趣爱好，预测新闻特点、焦点，为内容生产提供精准的数据支持。与此同时，我们也不能被数据"牵着鼻子走"，坚决杜绝为了片面地追逐经济利益而舍弃社会利益的行为，要始终秉持新闻从业者的职业道德和专业素养，维护新闻专业主义。新闻从业者应更加重视用户体验，对新闻内容的分类和新闻产品的设计逐渐形成垂直化、个性化的生产模式。由于传统媒体和新媒体汇聚在同一个平台上进行内容生产和分发的工作，未来新闻工作者还应重视线上和线下的结合。除了依靠线上移动终端分发新闻产品，还可以向线下延伸，增强新闻传播活动的互动性。最后，新闻工作者应该更加重视新闻策划，以及对新闻资源的整合。为了进一步优化和提升新闻传播的效果，记者、编辑在现有的基础上进一步打通报纸编辑部、传媒集团内部的各种资源，通过不断地资源整合，创造出更多优质的产品，并向用户提供有针对性的个性化服务（蔡雯，2017）。推动传统媒体和新兴媒体融合发展的脚步不会停歇，报纸编辑部、传媒集团的变革也不会止步。衷心期待形态多样、手段先进、具有竞争力的新型主流媒体的队伍不断壮大。具有强大实力和传播力、公信力、影响力的新型媒体集团不断建成，最终形成一个立体多样、融合发展的现代传播体系。

参 考 文 献

阿尔文·托夫勒.1996.未来的冲击.孟广均,吴宜豪,黄炎林,等译.北京:新华出版社.
爱德华·赫尔曼,罗伯特·麦克切斯尼.2001.全球媒体:全球资本主义的新传教士.甄春亮,等译.天津:天津人民出版社.
爱德华·麦克诺尔·伯恩斯,菲利普·李·拉尔夫.1987.世界文明史(第一卷).罗经国,陈筠,莫润先,等译.北京:商务印书馆.
爱德华·O.威尔逊.2002.论契合:知识的统合.田洺译.北京:生活·读书·新知三联书店.
埃米尔·涂尔干.2000.社会分工论.渠东译.北京:生活·读书·新知三联书店.
安德鲁·查德威克.2010.互联网政治学:国家、公民与新传播技术.任孟山译.北京:华夏出版社.
安东尼·吉登斯,菲利普·萨顿.1998.社会的构成:结构化理论大纲.李康,李猛译.北京:生活·读书·新知三联书店.
安东尼·吉登斯,菲利普·萨顿.2021.社会学.8版.李康译.北京:北京大学出版社.
鲍立泉.2013.技术视野下媒介融合的历史与未来.武汉:华中科技大学出版社.
贝蒂塔·范·斯塔姆.2004.创新力.刘寅龙译.北京:高等教育出版社.
毕书清.2015.新时期的媒体融合与数字传播.南京:江苏凤凰科学技术出版社.
卞清,赵金昳.2015.媒介融合语境下的编辑部改造——基于"澎湃新闻"日常实践的考察.新闻记者,(12):61-70.
E.博登海默.2004.法理学:法律哲学与法律方法.邓正来译.北京:中国政法大学出版社.
布赖恩·特纳.2003.Blackwell社会理论指南.2版.李康译.上海:上海人民出版社.
蔡帼芬.2004.加拿大媒介与文化.北京:中国传媒大学出版社.
蔡雯.2006.媒介融合前景下的新闻传播变革——试论"融合新闻"及其挑战.国际新闻界,(5):31-35.
蔡雯.2007.媒介融合带来新闻编辑部角色变化——从新闻采编到知识管理.新闻与写作,(4):16-18.
蔡雯.2008.在新时期的探索与突破新闻编辑学研究.中国编辑,(2):10-13.
蔡雯.2009.资源整合——媒介融合进程中的一道难题.新闻记者,(9):18-21.
蔡雯.2010.新闻编辑学.2版.北京:中国人民大学出版社.
蔡雯.2012a.在全媒体探索中增强核心竞争力——对报业集团转型的一点思考.传媒观察,(2):5-7.
蔡雯.2012b.需要重新定义的"专业化"——对新闻媒体内容生产的思考和建议.新闻记者,(5):17-21.
蔡雯.2012c.媒体融合与融合新闻.北京:人民出版社.
蔡雯.2013.内容建设是媒体成败的核心因素.当代传播,(3):1.

蔡雯. 2017. 新闻编辑. 北京: 高等教育出版社.
蔡雯. 2020. 融媒体建设与创新. 北京: 中国人民大学出版社.
蔡月亮, 陈暲. 2013. 媒介融合时代地方报业的数字化转型策略探析——以《扬子晚报》为例. 今传媒, (1): 74-75.
曹漪那, 杨珊, 王慧敏, 等. 2017. 冲突与转向: 大数据时代的传播伦理研究. 成都: 四川大学出版社.
巢乃鹏, 刘欣. 2012. 媒介融合时代采编业务流程重组研究: 以南京某报媒人员的深度访谈来展开. 新闻记者, (5): 21-27.
车品觉. 2016. 决战大数据(升级版): 大数据的关键思考. 杭州: 浙江人民出版社.
陈昌凤. 2015. 媒体融合中的全员转型与生产流程再造——从澎湃新闻的实践看传统媒体的创新. 新闻与写作, (9): 48-50.
陈光峰. 2014. 互联网思维: 商业颠覆与重构. 北京: 机械工业出版社.
陈虎东. 2016. 场景时代: 构建移动互联网新商业体系. 北京: 机械工业出版社.
陈力丹, 付玉辉. 2006. 论电信业和传媒业的产业融合. 现代传播(中国传媒大学学报), (3): 28-31.
陈琳. 2012. 浅析我国报业数字化转型——社会效益、经济效益与受众的重要性. 中国报业, (14): 47-49.
陈威如, 余卓轩. 2013. 平台战略: 正在席卷全球的商业模式革命. 北京: 中信出版社.
陈志斌. 2002. 基于隐性知识层面的企业理论之问题研究. 生产力研究, (6): 278-279.
陈志强. 2007. 编辑中心制与现代管理制度的博弈. 新闻界, (6): 25-26.
陈致中. 2019. 媒介平台与传播效果实证研究取向. 广州: 暨南大学出版社.
陈子文. 2007. 报网互动下的编辑资源整合. 新闻与写作, (10): 62.
程婷婷. 2011. 网络媒体环境下纸媒的困境和出路: 以重庆本地三家报纸为例. 重庆科技学院学报(社会科学版), (13): 159-161.
崔保国. 2013. 传媒蓝皮书. 北京: 社会科学文献出版社.
崔保国, 张晓群. 2008. 新媒体对中国传媒产业的影响分析. 现代传播(中国传媒大学学报), (1): 87-89.
达洛尔·M. 韦斯特. 2010. 美国传媒体制的兴衰. 董立译. 北京: 北京大学出版社.
戴维·莫谢拉. 2002. 权力的浪潮: 全球信息技术的发展与前景(1964～2010). 高铦, 高戈, 高多译. 北京: 社会科学文献出版社.
丹尼尔·W. 布罗姆利. 2006. 经济利益与经济制度. 陈郁, 郭宇峰, 汪春译. 上海: 上海三联书店.
丹尼斯·麦奎尔. 2010. 麦奎尔大众传播理论. 5版. 崔保国, 李琨译. 北京: 清华大学出版社.
道格拉斯·C. 诺思. 1994. 经济史中的结构与变迁. 陈郁, 罗华平, 等译. 上海: 上海三联书店.
道格拉斯·C. 诺思. 2008. 制度、制度变迁与经济绩效. 杭行译. 上海: 上海三联书店.
德博拉·斯通. 2006. 政策悖论: 政治决策中的艺术(修订版). 顾建光译. 北京: 中国人民大学出版社.
邓建国. 2007. "信息中心": 未来报纸的新闻编辑室?——美国甘耐特集团的"激进"报

业改革. 新闻记者, (1): 71-73.

丁柏铨. 2011. 媒介融合: 概念、动因及利弊. 南京社会科学, (11): 92-99.

丁柏铨. 2012. 新闻理论探索对现实问题的研究. 上海: 上海交通大学出版社.

丁松虎. 2019. 新闻·传播·媒介: 跨世纪的审思. 上海: 上海人民出版社.

窦丰昌. 2015. 广州报业中央编辑部"满月"观察——兼谈报纸全媒体转型的路径选择与盈利模式. 新闻战线, (1): 39-42.

窦锋昌. 2018. 全媒体新闻生产: 案例与方法. 上海: 复旦大学出版社.

窦锋昌, 李华. 2012. 打造全媒体平台, 开辟一片蓝海——2011年《广州日报》的创新与突破. 新闻战线, (1): 40-42.

段鹏. 2006. 传播学基础: 历史、框架与外延. 北京: 中国传媒大学出版社.

段鹏. 2015. 挑战、变革与提升: 媒介融合背景下中国广播电视舆论引导能力研究. 北京: 中国人民大学出版社.

段鹏, 韩运荣. 2005. 传播学在世界. 北京: 中国传媒大学出版社.

范东升, 等. 2011. 拯救报纸. 广州: 南方日报出版社.

范璐璐, 姜彩杰. 2012. 2010年我国媒介融合研究综述. 新闻世界, (6): 198-199.

范以锦. 2005. 南方报业战略: 解密中国一流报业传媒集团. 广州: 南方日报出版社.

范以锦, 董天策. 2008. 数字化时代的传媒产业. 广州: 暨南大学出版社.

方伟. 2019. 新媒体与社会发展. 北京: 文化发展出版社.

封静. 2013. 传统报业全媒体转型实践探析——以南都全媒体集群为例. 东南传播, (8): 47-49.

冯上斌, 梁婷, 曾伟荣. 2013. 佛山传媒集团: 集成内容和渠道的跨媒体运作实践. 中国记者, (9): 40-41.

冯文丽. 2020. 触媒西方: 外国的传媒业. 杭州: 浙江工商大学出版社.

弗朗西斯·赫塞尔本, 马歇尔·戈德史密斯. 2012. 未来的组织: 全新管理时代的愿景与战略. 苏西译. 北京: 中信出版社.

傅平. 2005a. 从科层制到虚拟柔性组织——中国新闻传媒组织变革的新思路. 社会科学, (2): 112-118.

傅平. 2005b. 中国传媒集团组织转型研究. 上海: 复旦大学博士学位论文.

傅平. 2012. 强化监审机制 构筑创新模式——广电集团导向价值链运行机制探析. 传媒, (9): 52-53.

傅平. 2013. 传媒变革与实践——新时期中国传媒集团的战略与转型. 上海: 上海交通大学出版社.

付彦. 2008. 知识共享型组织结构. 北京: 经济管理出版社.

B.盖伊·彼得斯. 2016. 政治科学中的制度理论: "新制度主义". 3版. 王向民, 段红伟译. 上海: 上海人民出版社.

高钢, 陈绚. 2006. 关于媒体融合的几点思索. 国际新闻界, (9): 51-56.

高辉. 2017. 中国情境下的制度环境与企业创新绩效关系研究. 长春: 吉林大学博士学位论文.

郜书锴. 2013. 数字未来: 媒介融合与报业发展. 北京: 人民日报出版社.

格雷维特尔. 2005. 行为科学研究方法. 邓铸, 等译. 西安: 陕西师范大学出版社.

耿得科, 张旭昆. 2011. 博弈论视角下制度的设计与演化. 经济论坛, (2): 210-214.
勾俊伟, 刘勇. 2019. 新媒体营销概论. 北京: 人民邮电出版社.
辜晓进. 2003. 21世纪美国报业现状——近观美国报业管理(一). 新闻实践, (10): 41-44.
辜晓进. 2004. 美国报纸板块及内容设置——近观美国报业管理(四). 新闻实践, (1): 35-37.
辜晓进. 2009. 媒介融合: 做比说更重要. 中国记者, (2): 59-61.
辜晓进. 2017. 数字优先的报业转型逻辑. 现代传播(中国传媒大学学报), (1): 74-79.
顾涧清, 等. 2008. 报业的变局与方略: 中国报业集团化产业化研究. 北京: 中国传媒大学出版社.
关梅. 2008. 媒介融合的现状及其应对. 新闻爱好者, (3): 15-16.
郭全中. 2011. 传媒业大变局. 合肥: 安徽大学出版社.
郭全中. 2012. 2014年传媒改革发展的十大问题. 青年记者, (1): 11-12.
郭全中. 2015. 中国传媒业新格局已形成. 中国报业, (5): 90-91.
郭全中. 2019. 新媒体环境下传统媒体的转型战略研究. 广州: 中山大学出版社.
哈罗德·伊尼斯. 2003. 传播的偏向. 何道宽译. 北京: 中国人民大学出版社.
韩少林. 2012. 两报"融通": 从竞争到竞合——楚天都市报、楚天金报新一轮改版思考. 新闻前哨, (8): 30-33.
何伟. 2014. 转型中的传媒——宁波日报报业集团的实践与思考(一). 上海: 复旦大学出版社.
何跃, 贺芒. 2019. 公共组织管理. 重庆: 重庆大学出版社.
贺小刚. 2002. 企业持续竞争优势的资源观阐释. 南开管理评论, (4): 32-37.
贺旖. 2014. 数字传播技术发展与媒介融合演进. 科技传播, (22): 146, 128.
亨利·明茨伯格. 2007. 卓有成效的组织. 魏青江译. 北京: 中国人民大学出版社.
亨利·明茨伯格, 布鲁斯·阿尔斯特兰德, 约瑟夫·兰佩尔. 2002. 战略历程纵览战略管理学派. 刘瑞红, 徐佳宾, 郭武文译. 北京: 机械工业出版社.
亨利·詹金斯. 2012. 融合文化——新媒体和旧媒体的冲突地带. 杜永明译. 北京: 商务印书馆.
侯志奎. 2008. 教导型组织. 北京: 机械工业出版社.
胡百精. 2020a. 公共传播与社会治理. 北京: 中国人民大学出版社.
胡百精. 2020b. 新时代新闻传播教育. 北京: 中国人民大学出版社.
胡德才, 余秀才. 2017. 新媒体时代的新闻传播教育. 武汉: 武汉大学出版社.
胡河宁. 2010. 组织传播学. 北京: 北京大学出版社.
胡正荣. 1997. 传播学总论. 北京: 北京广播学院出版社.
胡正荣. 2011. 新媒体前沿2011. 北京: 社会科学文献出版社.
胡正荣, 李煜. 2010. 社会透镜: 新中国媒介变迁六十年: 1949—2009. 北京: 清华大学出版社.
胡正荣, 张锐. 2003. 论电视产业结构调整——盘活中国电视产业论系列之一. 现代传播(中国传媒大学学报), (2): 95-99.
黄爱华, 董美珠, 童剑. 2013. 组织结构扁平化下人力资源管理"五力"体系的构建. 中国人力资源开发, (5): 56-60.

黄健. 2011. 新媒体浪潮. 南宁: 广西教育出版社.
黄建友. 2009. 论媒介融合的内涵及其演进路径. 当代传播, (5): 50-52.
黄蓉. 2006. 我国传媒组织结构变革要求及策略分析. 编辑之友, (2): 69-71.
黄晓新, 刘建华, 卢剑锋. 2017. 2015-2016中国传媒融合创新研究. 北京: 中国书籍出版社.
黄鑫宇. 2013. 中国近现代报业组织结构变迁的历史轨迹及其基本规律. 中国出版, (5): 59-64.
黄义伟. 2009. 破解双重转型背景下的报纸"进路迷途"——报纸编辑部互动机制研究综述. 中国报业, (12): 107-109.
贾良定, 唐翌, 李宗卉, 等. 2004. 愿景型领导: 中国企业家的实证研究及其启示. 管理世界, (2): 84-96.
蒋宏, 徐剑. 2006. 新媒体导论. 上海: 上海交通大学出版社.
杰弗瑞·S. 威尔克森, 奥古斯特·E. 格兰特, 道格拉斯·J. 费舍尔. 2011. 融合新闻学原理. 郭媛媛, 贺心颖主译. 北京: 中国时代经济出版社.
杰克·富勒. 1999. 信息时代的新闻价值观. 展江译. 北京: 新华出版社.
杰勒德·J. 特列斯, 彼得·N. 戈尔德. 2003. 野心与愿景: 市场后入者的成功策略. 康志华译. 北京: 中信出版社.
金佳, 殷帆. 2012. 2011年媒介融合研究综述. 新闻世界, (5): 175-176.
金蕾蕾. 2020. 众声喧哗的下半场: 新媒体时代公共舆论理性表达的话语建构. 杭州: 浙江工商大学出版社.
靳涛. 2005. 经济体制转型中的演进与理性: 二十世纪两次逆向经济体制转型比较研究及理念反思. 厦门: 厦门大学出版社.
居然. 2017. 新媒体与组织传播: 基于浙商企业的实证性研究. 杭州: 浙江工商大学出版社.
居伊·德波. 2017. 景观社会. 张新木译. 南京: 南京大学出版社.
卡尔·波普尔. 2001. 客观的知识: 一个进化论的研究. 舒炜光, 卓如飞, 周柏乔, 等译. 上海: 上海译文出版社.
凯利·莱特尔, 朱利安·哈里斯, 斯坦利·约翰逊. 2010. 全能记者必备——新闻采集、写作和编辑的基本技能. 7版. 宋铁军译. 北京: 中国人民大学出版社.
康芒斯. 1962. 制度经济学(上). 于树生译. 北京: 商务印书馆.
康仁明, 陈军, 欧洋. 2004. 报业机构设置变革与管理创新. 新闻研究导刊, (4): 12-14.
H. K. 科尔巴奇. 2005. 政策. 张毅, 韩志明译. 长春: 吉林人民出版社.
科斯, 阿尔钦, 诺斯, 等. 1994. 财产权利与制度变迁: 产权学派与新制度学派译文集. 刘守英, 等译. 上海: 上海三联书店.
克莱·舍基. 2015. 人人时代: 无组织的组织力量. 胡泳, 沈满琳译. 杭州: 浙江人民出版社.
克莱顿·克里斯坦森. 2010. 创新者的窘境. 胡建桥译. 北京: 中信出版社.
克洛德·莱维-施特劳斯. 1995. 结构人类学. 谢维扬, 俞宣孟译. 上海: 上海译文出版社.
匡文波. 2010. 手机媒体: 新媒体中的新革命. 北京: 华夏出版社.
匡文波. 2014. 新媒体舆论: 模型、实证、热点及展望. 北京: 中国人民大学出版社.
W. 兰斯·本奈特, 罗伯特·M. 恩特曼. 2011. 媒介化政治: 政治传播新论. 董关鹏译. 北京：清华大学出版社．
李·G. 鲍曼，特伦斯·E. 迪尔. 2005. 组织重构——艺术、选择及领导. 3版. 桑强，高杰英，高燕翔，等译. 北京：高等教育出版社．
李昌建. 2012. 《楚天金报》：新改版 新突破. 传媒，(7)：37-38.
李海舰，聂辉华. 2002. 企业的竞争优势来源及其战略选择. 中国工业经济，(9)：5-13.
李海容. 2011. 泛媒时代：媒介创新与未来. 广州：暨南大学出版社．
李红艳. 2007. 媒介组织学. 北京：中国传媒大学出版社．
李娜. 2009. 欧美公共广播电视危机与变迁研究. 北京：中国传媒大学出版社．
李培林. 2005. 另一只看不见的手：社会结构转型. 北京：社会科学文献出版社．
李鹏. 2012. 媒聚变：媒介融合背景下报纸转型研究. 北京：北京大学出版社．
李青青. 2013. 空间、地域、流动：移动新媒体研究的三个视角. 南京邮电大学学报（社会科学版），(4)：67-71.
李婉芬. 2012. 内容为王 从"厚"而"优"——广州日报采编发展历程. 中国报业，(12)：12-15.
李秀莹，付玉辉. 2013. 2012年我国移动新媒体传播研究综述. 中国传媒科技，(3)：63-64.
李迎涛，刘长松. 2013. 改版改革改变——《湖北日报》2012年改扩版综述. 新闻前哨，(1)：10-12.
李子善. 2007. 世界现代传媒业的分布格局和动力机制. 世界地理研究，(3)：8-15.
理查德·L. 达夫特. 2006. 组织理论与设计. 8版. 王凤彬，张秀萍，刘松博，等译. 北京：清华大学出版社．
林泉. 2012. 组织结构、角色外行为与绩效间的关系研究. 北京：经济管理出版社．
林毅夫，蔡昉，李周. 1999. 中国的奇迹：发展战略与经济改革. 2版. 上海：上海三联书店．
刘从九. 2003. 基于技术创新的组织结构变革研究. 中国科技论坛，(5)：28-30.
刘红霞，高贤峰. 2007. 虚拟部门：打通"部门墙"的可行选择——以IBM设立"全球随需应变部"为例. 中国人力资源开发，(5)：63-66.
刘辉. 2017. 认同理论. 北京：知识产权出版社．
刘冀生，吴金希. 2002. 论基于知识的企业核心竞争力与企业知识链管理. 清华大学学报（哲学社会科学），(1)：68-72.
刘婧一. 2007. 媒介融合的动力分析. 东南传播，(8)：84-86.
刘蒙之，刘战伟. 2018. 中国传媒人才能力需求研究报告（2018）. 北京：中国社会科学出版社．
刘年辉. 2012. 中国报业集团核心竞争力创新策略与提升路径. 北京：中国传媒大学出版社．
刘鹏. 2005. 竞争时代的报纸策略趋势与对策. 济南：山东人民出版社．
刘奇葆. 2017. 推进媒体深度融合 打造新型主流媒体. http://www.xinhuanet.com//zgjx/2017-01/12/c_135975745.htm, [2017-02-10].
刘倩. 2019. 新媒体技术标准的形成与扩散. 广州：暨南大学出版社．
刘琴. 2010. 数字化背景下报纸内容生产及其管理研究. 北京：光明日报出版社．
刘松博，龙静. 2009. 组织理论与设计. 2版. 北京：中国人民大学出版社．
刘晓燕. 2012. 数字化的机遇与困境：美国报业转型的五个层面. 新闻实践，(4)：74-76.
刘新颖. 2010. 关于报业结构问题的实践与思考——以烟台日报传媒集团为例. 青年记

者,(19):80-81.
刘毅.2008.媒介融合的传媒经济学理论阐释.现代视听,(8):26-29.
刘滢.2016.国际传播:全媒体生产链重构.北京:新华出版社.
刘昱.2012.报纸编辑部内的话语管理.武汉:华中师范大学出版社.
刘征.2015.广州日报中央编辑部制度架构与操作流程.传媒评论,(9):52-54.
柳剑能.2013.中国报业全媒体转型的三大路径.传媒,(3):14-17.
楼园,韩福荣.2011.企业组织结构进化研究.北京:科学出版社.
卢现祥.2003.西方新制度经济学.北京:中国发展出版社.
卢现祥.2010.寻找一种好制度:卢现祥制度分析随笔集.武汉:华中科技大学出版社.
陆桂生,邹迎九.2007.我国媒介组织结构的设计及其发展趋势.桂海论丛,(3):90-93.
陆小华.2008.新媒体观:信息化生存时代的思维方式.北京:清华大学出版社.
陆小华.2013.解释权竞争仍然是竞争焦点所在——南方日报改版10年观察.新闻战线,(1):25-26.
罗伯特·O.基欧汉.2004.局部全球化世界中的自由主义、权力与治理.门洪华译.北京:北京大学出版社.
罗伯特·吉本斯.1999.博弈论基础.高峰译.北京:中国社会科学出版社.
罗伯特·洛根.2012.理解新媒介——延伸麦克卢汉.何道宽译.上海:复旦大学出版社.
罗伯特·西蒙斯.2013.七个战略问题.刘俊勇,余晶,吴彦霖译.北京:中国人民大学出版社.
罗杰·菲德勒.2000.媒介形态变化.明安香译.北京:华夏出版社.
E.M.罗杰斯.2016.创新的扩散.5版.唐兴通,郑常青,张延臣译.北京:电子工业出版社.
罗文军,傅平,陆玮.2004.论战略联盟的组织学习机制.经济管理,(6):16-20.
罗以澄,吕尚彬.2009.民本化、产业化、数字化、国际化:我国传媒发展的四大战略走向.新闻传播,(8):7-10.
骆剑伟.2012.报网融合的机制保证——杭州日报报业集团打造全媒体编辑部.新闻实践,(1):16.
吕琪.2016.真实的构建与消解——美国电视真人秀中的身体与社会.成都:四川大学出版社.
吕尚彬.2009.中国大陆报纸转型.上海:上海交通大学出版社.
吕尚彬.2010.中国报业转型发展的四大战略走向.中国报业,(3):19-24.
吕尚彬.2011.中国报业的比较发展优势.中国报业,(4):13-16.
吕尚彬.2012a.非时政类报刊转企改制:2011年中国报业发展主旋律.中国报业,(1):22-25.
吕尚彬.2012b.渐进性演变还是激进性变革——我国报业数字化演变轨迹的思考.中国报业,(15):48-51.
吕尚彬.2013.在"共存"格局中突围.中国报业,(12):6.
吕尚彬,陈薇.2011.中国报业数字化转型的问题与对策.中国媒体发展研究报告,(1):212-218.
吕尚彬,迟强.2013.2010—2012年美国数字报纸付费墙研究述评.国际新闻界,(6):163-171.

马明新. 2012. 2010 年媒介融合研究综述. 青年记者, (11): 23-24.
马雪松, 周云逸. 2011. 社会学制度主义的发生路径、内在逻辑及意义评析. 南京师范大学学报(社会科学版), (3): 61-65.
麦尚文. 2012. 全媒体融合模式研究中国报业转型的理论逻辑与现实的选择. 北京: 中国人民大学出版社.
曼纽尔·卡斯特. 2000. 网络社会的崛起. 夏铸九, 王志弘, 等译. 北京: 社会科学文献出版社.
曼瑟·奥尔森. 2005. 权力与繁荣. 苏长和, 嵇飞译. 上海: 上海世纪出版集团.
毛文静, 唐丽颖. 2012. 组织设计. 杭州: 浙江大学出版社.
毛玉西. 2010. "市场意识+采编创新"的融合——《广州日报》发展路径分析. 青年记者, (13): 60-61.
梅楠, 王栋. 2011. 我国传媒集团的组织结构选择策略分析. 现代传播(中国传媒大学学报), (1): 153-154.
门罗·E. 普莱斯. 2008. 媒介与主权: 全球信息革命及其对国家权力的挑战. 麻争旗, 吕岩梅, 徐杨, 等译. 北京: 中国传媒大学出版社.
孟建, 赵元珂. 2007. 媒介融合: 作为一种媒介社会发展理论的阐释. 新闻传播, (2): 14-17.
闵大洪. 2003. 数字传媒概要. 上海: 复旦大学出版社.
尼古拉·尼葛洛庞帝. 1997. 数字化生存. 胡泳, 范海燕译. 海口: 海南出版社.
倪雪莹. 2020. 概念、意象与传播——我的新媒体认知. 武汉: 武汉大学出版社.
潘元金. 2009. 融媒时代摄影记者的机遇及挑战. 新闻爱好者, (12): 123-124.
庞松, 黄一兵. 2008. 30 年: 转型与变迁. 广州: 广东教育出版社.
H. 培顿·杨. 2004. 个人策略与社会结构: 制度的演化理论. 王勇译. 上海: 上海三联书店.
彭兰. 2017. 网络传播概论. 4 版. 北京: 中国人民大学出版社.
彭兰. 2020. 新媒体用户研究: 节点化、媒介化、赛博格化的人. 北京: 中国人民大学出版社.
皮亚杰. 1984. 结构主义. 倪连生, 王琳译. 北京: 商务印书馆.
钱晓文. 2011. 新时期报业集团组织结构创新的几种模式. 传媒, (3): 30-32.
强萤, 吕鹏. 2017. 新闻与传播学国际理论前沿. 上海: 上海社会科学院出版社.
乔治·S. 戴伊, 戴维·J. 雷布斯坦因, 罗伯特·E. 冈特. 2003. 动态竞争战略. 孟立慧, 顾勇, 龙炼译. 上海: 上海交通大学出版社.
青木昌彦. 2001. 比较制度分析. 周黎安译. 上海: 上海远东出版社.
任孟山, 朱振明. 2009. 试论伊朗"Twitter 革命"中社会媒体的政治传播功能. 国际新闻界, (9): 24-28.
荣建华. 2010. 新媒体技术对传统媒体公信力的影响. 青年记者, (3): 26-27.
芮明杰. 2004. 现代企业持续发展理论与策略. 北京: 清华大学出版社.
芮明杰, 钱平凡. 1997. 再造流程. 杭州: 浙江人民出版社.
单亿春. 2015. 下一个出口: 纸媒的革命之路. 北京: 新华出版社.
邵培仁. 1997. 传播学导论. 杭州: 浙江大学出版社.
邵鹏. 2013. 媒介融合语境下的新闻生产. 杭州: 浙江工商大学出版社.

申凡,谢亮辉.2009.我国媒介融合发展的问题与对策——以《广州日报》滚动新闻部为例.新闻前哨,(4):40-42.
沈颖.2011.新媒介环境下传统媒体价值回归.广告人,(4):175,177.
生奇志,刘锐.2012.媒介管理学.北京:清华大学出版社.
石磊.2009.新媒体概论.北京:中国传媒大学出版社.
石磊.2010.分散与融合:数字报业研究.北京:中国社会科学出版社.
斯蒂芬·奎恩.2015.融合新闻报道.张龙,侯娟,曾嵘译.北京:北京大学出版社.
斯蒂芬·P.罗宾斯,玛丽·库尔特.2004.管理学(第7版).孙健敏,黄卫伟,王凤彬,等译.北京:中国人民大学出版社.
宋建武,董鸿英.2008.竞争与融合——中国报业必将转型为新媒体机构(上).新闻与写作,(1):17-20.
宋小勇.2010.媒体融合——传媒业发展的大趋势.中国地市报人,(10):11-12.
宋宣谕.2013.浅析融合新闻外延下的全媒介联动新闻中心——以美国佛罗里达州坦帕市坦帕新闻中心为雏形.新闻传播,(9):47-48,50.
孙伟.2016.坚守与转型:文化传承创新中的大学校报.江苏:南京大学出版社.
孙志刚,吕尚彬.2013.《纽约时报》付费墙对中国报纸的启示.新闻大学,(3):109-114.
孙宗虎,王胜会.2013.定责定岗定编定员定额定薪.北京:人民邮电出版社.
索尼娅·杰斐逊,莎伦·坦顿.2014.内容营销.祖静,屈云波译.北京:企业管理出版社.
谭天.2016.媒介平台论:新兴媒体的组织形态研究.北京:中国人民大学出版社.
谭云明,等.2011.新媒体信息编辑.北京:清华大学出版社.
汤姆·R.伯恩斯.2010.经济与社会变迁的结构化:行动者、制度与环境.周长城,等译.北京:社会科学文献出版社.
唐纳德·N.苏.2003.优秀的承诺.李田树,李芳龄译.北京:中信出版社.
唐宁.2017.颠覆与重构:城市电视台媒体融合之策略与路径.北京:中国广播影视出版社.
唐绪军,黄楚新,王丹.2014.互联网思维下全球新闻编辑部转型与趋势.新闻与写作,(11):4-9.
陶文静.2015.空间视角下的报业危机——Nikki Ushe《空间、场所及文化意义:编辑部搬迁及报业危机的评估》译评.新闻记者,(12):71-79.
陶喜红.2007.论媒介融合在中国的发展趋势.中国广告,(6):160-162.
陶志强.2013.大数据背景下的报纸转型样本——以芝加哥论坛报、佛山日报的大数据应用为例.新闻与写作,(9):19-22.
特里·弗卢.2019.新媒体4.0.叶明睿译.北京:人民日报出版社.
腾岳.2010.在深度融合中激活全媒体集群——烟台日报传媒集团全媒体战略探析.中国报业,(8):13-16.
田秋生.2010.市场化生存的党报新闻生产:《广州日报》个案研究.北京:中国广播电视出版社.
涂子沛.2012.大数据.桂林:广西师范大学出版社.
涂子沛.2014.数据之巅:大数据革命,历史、现实与未来.北京:中信出版社.
托马斯·H.达文波特,劳伦斯·普鲁萨克 H.詹姆斯·威尔逊.2004.最优理念.夏雨峰,赵恒译.北京:中信出版社.

托马斯·A. 斯图尔特. 2003. "软"资产: 从知识到智力资本. 邵剑兵译. 北京: 中信出版社.
托尼·宾汉姆, 玛西亚·康纳. 2014. 新社会化学习: 通过社交媒体促进组织转型. 邱昭良, 等译. 南京: 江苏人民出版社.
万小广. 2015. 媒体融合新论. 北京: 新华出版社.
汪致远, 李常蔚, 姜岩. 2000. 决胜信息时代. 北京: 新华出版社.
王斌. 2017. 社区传播论: 新媒体赋权下的居民社区沟通机制. 北京: 中国人民大学出版社.
王辰瑶, 喻贤璐. 2016. 编辑部创新机制研究——以三份日报的"微新闻生产"为考察对象. 新闻记者, (3): 10-20.
王垂林. 2013. "1+X"让南方报业推进融合发展. 新闻窗, (5): 7.
王春枝. 2009. 整合与改造: 欧美报纸编辑部的融合路径. 中国记者, (8): 74-75.
王栋, 陶开河. 2007. 借势与借力: 报网如何互动. 中国记者, (6): 40-41.
王菲. 2007. 媒介大融合. 广州: 南方日报出版社.
王菲. 2012. 新媒体冲击下日本报业的应对策略. 新闻界, (2): 59-61.
王桂科. 2004. 我国媒介产业的布局及其成因. 广东经济, (12): 50-53.
王桂科. 2006. 媒介产业经济分析. 广州: 广东人民出版社.
王红强. 2017. 产业融合趋势下的我国传媒产业发展研究. 成都: 四川大学出版社.
王吉鹏, 邸洁. 2012. 大型集团组织结构设计. 北京: 经济管理出版社.
王兰柱, 曾静平. 2009. 三网融合中的广电生力军——中国广播电视网站发展现状解读. 电视研究, (12): 19-21.
王生智, 周庆红. 2001. 默多克的经营战略. 中国报业, (8): 57-59.
王天铮. 2011. 解析基于价值增值的电视媒体"大编辑部"模式. 现代试听, (6): 22-25.
王雪梅, 许志强, 郝雯婧, 等. 2021. 智媒时代传媒人才"双创"教育多维融合路径研究. 重庆: 重庆大学出版社.
王悦. 2012. 党报的"增量改革": 同时满足宣传与市场的双重要求——广州日报报业集团的三个 10 年发展模式变迁. 媒体时代, (12): 13-16.
王震, 冯英俊, 李文明, 等. 2005. 基于工作和能力的动态组织结构设计. 科技进步与对策, (5): 95-97.
维娜·艾莉. 1998. 知识的进化. 刘民惠, 等译. 珠海: 珠海出版社.
魏辉, 王志刚. 2009. 当前国内媒体融合的几种形式. 青年记者, (14): 71.
魏然, 周树华, 罗文辉. 2016. 媒介效果与社会变迁. 北京: 中国人民大学出版社.
文森特·莫斯可. 2010. 数字化崇拜: 迷思、权力与赛博空间. 黄典林译. 北京: 北京大学出版社.
沃纳·赛佛林, 小詹姆斯·坦卡德. 2000. 传播理论: 起源、方法与应用. 郭镇之译. 北京: 华夏出版社.
吴长伟, 张垒. 2007. 报业流程变革之路. 中国记者, (4): 72-75.
吴飞. 2003. 新闻编辑学. 3版. 杭州: 浙江大学出版社.
吴海民. 2006. 媒体变局: 报纸的蛋糕缩小了——谈报业的未来走势及发展. 广告大观(媒介版), (1): 26-41.

吴海民. 2008. 专家热议大传媒时代. 传媒, (7): 24-28.
吴丽. 2022. QuestMobile 发布 2022 中国移动互联网春季大报告. https://www.sohu.com/a/
　　542078160_100122305, [2022-08-20].
习近平. 2019. 加快推动媒体融合发展 构建全媒体传播格局. 求是, (6): 4-8.
夏清华. 2002. 从资源到能力: 竞争优势战略的一个理论综述. 管理世界, (4): 109-114.
肖军, 韩筱旭, 谢艳丽. 2013. 浅析期刊在移动新媒体时代的探索与实践. 出版发行研究,
　　(3): 81-83.
小艾尔弗雷德·D. 钱德勒. 1987. 看得见的手: 美国企业的管理革命. 重武译. 北京: 商
　　务印书馆.
小托马斯·沃森. 2003. 一个企业的信念. 张静译. 北京: 中信出版社.
邢以群, 张大亮. 2007. 组织结构设计规范分工协作体系. 北京: 机械工业出版社.
熊澄宇. 2002. 信息社会 4.0: 中国社会建构新对策. 长沙: 湖南人民出版社.
熊澄宇, 等. 2006. 文化产业研究: 战略与对策. 北京: 清华大学出版社.
徐锋. 2008. "跨区作业"的"融合之战"——《广州日报》奥运报道编辑部前移迸发战
　　斗合力. 今传媒(学术版), (10): 19-20.
徐廉. 2009. 媒体融合与数字报业之路. 中国报业, (12): 71-72.
徐倩, 王利军. 2006.《纽约时报》网络版探析. 传媒, (6): 24-25.
徐正龙, 苏家翔, 文之强. 2014. 中国报业突围. 广州: 广东人民出版社.
许向东. 2006. 新互联网时代下的数字化报纸——传统报业发展路径探析. 国际新闻界,
　　(12): 67-71.
许颖. 2006. 互动·整合·大融合——媒体融合的三个层次. 国际新闻界, (7): 32-36.
许颖. 2011. 媒介融合的轨迹. 北京: 中国人民大学出版社.
严俊, 宋宣谕. 2016. 媒介融合时代传统报业编辑部的转型研究. 新闻大学(5): 56-60, 148.
杨成, 韩凌. 2011. 三网融合下的边界消融. 北京: 北京邮电大学出版社.
杨溟. 2013. 媒介融合导论. 北京: 北京大学出版社.
杨伟. 2014. 浅析《南方都市报》的品牌发展策略. 新闻世界, (1): 59-60.
杨晓白. 2007. 编辑部重构: 报纸的未来态. 青年记者, (21): 66-68.
杨兴锋. 2004. 高度决定影响力. 广州: 南方日报出版社.
杨兴锋, 江艺平. 2012. 南方报业是如何讲故事的. 广州: 南方日报出版社.
杨逐原. 2021. 社交化阅读中的知识生产与服务研究. 武汉: 武汉大学出版社.
伊恩·帕尔默, 理查德·邓福德, 吉布·埃金. 2009. 组织变革管理. 2 版. 金永红, 奚玉
　　芹译. 北京: 中国人民大学出版社.
伊丽莎白·切尔. 2004. 企业家精神: 全球化、创新与发展. 李欲晓, 赵琛徽译. 北京: 中
　　信出版社.
伊文臣. 2018. 全媒体记者必备素质构成与培养. 南昌: 江西高校出版社.
尹连根, 刘晓燕. 2013. "姿态性融合": 中国报业转型的实证研究. 新闻与传播研究, (2):
　　99-112.
尹良润. 2007. 新媒体研究的新范式及核心概念——欧美新媒体研究述略. 东南传播,
　　(10): 1-2.
于海波. 2018. 组织学习的多层结构、跨层作用和生成机制研究. 北京: 中国人民大学出

版社.
于立志. 2009. 组织理论与组织结构的演变. 企业改革与管理, (6): 63-64.
余光胜. 2002. 企业竞争优势根源的理论演进. 外国经济与管理, (10): 2-7.
余志华. 2015. "发表"只是一篇报道生命的开始——媒体融合发展下美国纸质媒体的组织变革. 传媒评论, (11): 67-68.
喻国明. 2004. 当前中国传媒业发展客观趋势解读. 现代传媒, (2): 1-5.
喻国明. 2015a. 关于现阶段中国传媒业转型发展的基本观点. 青年记者, (13): 51.
喻国明. 2015b. 未来新闻业态转型的三个层次. 青年记者, (30): 4.
喻国明, 张小争. 2005. 传媒竞争力: 产业价值链案例与模式. 北京: 华夏出版社.
袁兴友. 2009. 报业风云: 南方都市报崛起之路. 广州: 广东经济出版社.
袁志坚. 2008. 媒介融合趋势下的报业编辑部重构. 中国编辑, (6): 52-55.
约拉姆·巴泽尔. 2006. 国家理论: 经济权利、法律权利与国家范围. 钱勇, 曾咏梅译. 上海: 上海财经大学出版社.
约瑟夫·R·多米尼克. 2009. 大众传播动力学: 数字时代的媒介. 7版. 蔡骐译. 北京: 中国人民大学出版社.
云国强, 吴靖. 2019. 歧路与创新: 关于传媒体制、生产和文化场域的考察. 江苏: 南京大学出版社.
詹骞. 2020. 社交媒体公信力. 北京: 中国广播影视出版社.
詹姆斯·G. 马奇, 约翰·P. 奥尔森. 2011. 重新发现制度: 政治的组织基础. 张伟译. 北京: 生活·读书·新知三联书店.
詹姆斯·卡伦. 2006. 媒体与权力. 史安斌, 董关鹏译. 北京: 清华大学出版社.
张长征, 蒋晓蓉, 徐海波. 2013. 组织设计对知识共享的影响研究. 科技进步与对策, (3): 128-133.
张宸. 2015. 全球新闻编辑部的九大趋势——世界编辑论坛发布《新闻编辑部趋势2015》报告. 新闻与写作, (9): 36-38.
张殿元. 2007. 中国报业传媒体制创新. 广州: 南方日报出版社.
张东明. 2013. 从报网互动到报网融合——从《南方日报》第九次改版看全媒体转型探索之路. 中国记者, (2): 19-21.
张晋朝. 2020. 信息需求调节下社会化媒体用户学术信息搜寻行为研究. 武汉: 武汉大学出版社.
张堃. 2014. 南方报业传媒集团全媒体战略转型浅析. 青春岁月, (1): 171.
张垒, 王清颖. 2012. 佛山四问: 关于报业本土化发展的思考. 中国记者, (9): 67-69.
张梅珍. 2017. 全媒体时代的传媒发展与新闻传播教育重构. 武汉: 武汉大学出版社.
张勤耘. 2013. 报业数字化转型中的"五个转向". 新闻战线, (3): 61-63.
张生花, 邹国辉. 2013. 媒体融合对新闻传播的影响研究. 出版广角, (18): 72-73.
张先国. 2013. 以六项突破布局新媒体发展——湖北日报传媒集团全媒体转型探索. 传媒, (3): 21-23.
张晓菲. 2015. 打造融合发展型新闻编辑部——以美国国家公共广播公司的组织架构转型为例. 新闻记者, (6): 32-38.
张新新. 2016. 变革时代的数字出版. 北京: 知识产权出版社.

张梓轩, 赵化. 2017. 媒介融合背景下的新闻编辑部研究——以中央电视台英语新闻频道新媒体新闻编辑部为例. 中国编辑, (2): 54-58.

章于炎. 2018. 媒体融合时代新闻传播教育的变革与创新: 密苏里大学新闻学院和中国新闻传播类学院的合作. 世界教育信息, (16): 64-71.

赵金. 2008. 财经媒体的发展新趋势——访《第一财经周刊》总编辑何力. 青年记者, (13): 61-64.

赵子忠. 2005. 内容产业论——数字新媒体的核心. 北京: 中国传媒大学出版社.

钟沈军. 2012. 媒体的演进趋势与战略转型. 北京: 人民出版社.

周鸿铎, 等. 2003. 传媒产业机构模式. 北京: 经济管理出版社.

周三多, 陈传明, 龙静. 2020. 管理学原理. 3版. 南京: 南京大学出版社.

周卫星. 2013. 如何做好报纸编辑部的管理工作. 新闻世界, (5): 116-117.

周文成. 2010. 国内外组织结构理论研究综述. 江苏商论, (2): 126-128.

周涌. 2019. 融合与互动: 跨媒介背景下的影像叙事. 北京: 中华工商联合出版社.

朱·弗登博格, 让·梯若尔. 2002. 博弈论. 黄涛, 郭凯, 龚鹏, 等译. 北京: 中国人民大学出版社.

朱春阳. 2008. 现代传媒集团成长理论与策略. 上海: 上海人民出版社.

朱松林. 2008. 融合新闻编辑部管理: 国外经验及启示. 中国外资, (8): 56-58.

朱天, 梁英, 等. 2015. 新媒体与传媒产业生态. 上海: 复旦大学出版社.

Quinn, S. & Filak, V. F. 2009. 媒介融合: 跨媒体的写作和制作. 任锦鸾译. 北京: 人民邮电出版社.

Russell-Jones, N. 2002. 管理变革. 刘恋译. 上海: 上海交通大学出版社.

Colon, A. 2000. The multimedia newsroom. *Columbia Journalism Review*, (39): 24-27.

Jenkins, H. 2006. *Convergence Culture: Where Old and New Media Collide*. New York: New York University Press.

Morton, J. 2000. The emergence of convergence. *American Journalism Review*, 22(1): 88.

Pool, I. S. 1983. *Technologies of Freedom*. Cambridge: Belknap Press of Harvard University Press.

Quinn, S. & Filak, V. F. 2005. *Convergent Journalism: An Introduction*. Oxford: Focal Press.